JN058007

公務員の
移転料の実務

旅費法令研究会[編]

学陽書房

はじめに

　国家公務員の出張や赴任等に伴う旅費については、「国家公務員等の旅費に関する法律（昭和25年法律第114号）」に基準が定められています。

　この法律は、明治以来の古い沿革を有するもので、旅費の節約と行政事務の簡素化の観点から、標準的な実費を基礎として計算された定額を定めています。また、特別な事情等によって定額では不足する場合には、財務大臣に協議して定める額を支給することができると規定しています。

　旅費のうち、赴任に伴う国内の移転料（いわゆる引越代）については、最近の人手不足等を背景に引越し代が高騰しているケースがみられ、適正な実費支給のための運用の見直しが課題となりました。そこで、本年より、個々の引越しの実情に即し、きめ細かく実費を把握して移転料を支給する形に運用を見直すこととなりました。

　本書は、こうした見直しの具体的内容をわかりやすく解説するとともに、これまでに寄せられた照会事例に対する回答を整理したものです。移転料の支給に携わる方は、さまざまな官署に多数おられ、異動によって初めて担当する方も少なくないと思われます。また、国に準拠して移転料を支給している団体も多数あると思われます。本書は、こうした実務に携わる方々に今回の見直しの内容を理解していただき、移転料に係る事務の効率的かつ適正な運営に資することを企図しています。

　移転料の運用については、今後の状況の変化や今回の運用見直し後の実務的課題を踏まえて、不断に改善に取り組んでいくべきものと考えています。したがって、本書の内容についても、こうした取組みの進展に伴って改訂されていくべきものと考えています。

　本書が、移転料の支給に携わる方々にとって、その事務の理解の一助となれば幸いです。

2020年 8 月

旅費法令研究会

●目　　次●

第1章　旅費法の概要

第2章　移転料を実費支給するための運用の見直しの考え方

第3章　質疑応答集

附　　　録

旅費法の概要

1 旅費法の沿革

　我が国の旅費に関する規則は、明治以来の長い歴史を有している。明治19年に公文式（明治19年勅令第1号）により法令の制定・公布に関する制度が整備され、内国旅費について内国旅費規則（明治19年閣令第14号）、外国旅費について外国旅費規則（明治20年閣令第12号）が制定された。なお、閣令とは、旧憲法下で内閣総理大臣が発した命令である。

　これに先立つ明治初期の旅費定則では、旅費定則（明治5年第309号達）において「旅費ハ並旅行巡回早追外国御用其他トモ都テ日當表ノ通賜ル」と規定され、明治9年の旅費定則（太政官達第64号）において「陸路水路トモ渾テ旅中一切ノ費用トシテ表面ノ通旅費日當ヲ支給ス可シ」と規定されていたように、官位・旅行内容等に応じた定額を支給することとされていた。明治19年の内国旅費規則においても、「内国旅費ハ各官等ニ依リ分テ六等トシ別表ノ定ムル所ニ従ヒ順路ノ路程ニ依リ汽車賃汽船賃車馬賃日當ヲ支給ス」と規定し、定額を定めていた。

　ただし、明治9年の旅費定則では「各庁ノ便宜ニ依リ此定則ニ基キ適宜減少ノ方法ヲ設クルハ苦シカラス」と規定し、明治19年の内国旅費規則では「各省大臣ハ大蔵大臣ト協議シテ平常旅行ヲ要スル官吏ニ對シ特ニ其旅費額ヲ定メ月額ヲ以テ之ヲ支給スルコトヲ得」「各省大臣ハ大蔵大臣ト協議シ定額ノ旅費ヲ減少スルコトヲ得」と規定して、定額支給を原則としつつも、支給額の調整を可能とする規定を置いていた。

　その後、内国旅費規則は明治24年に、外国旅費規則は明治26年にそれぞれ勅令の形式に変更されたが、官位・旅行内容等に応じた定額を定める一方で、支給額の増減の調整が可能となる仕組みが継承された。

　旅費は、本来、公務のための旅行に関する実費弁償であり、旅行者が提出する証拠資料に基づいて個々の旅費種目の実費を支給する方式が直接的でわかりやすい。しかし、実際には、個々の出費が本当に旅行のために必要とされた費用であるかどうかの判定は極めて困難な問題であり、いたず

らに旅行者や旅費事務担当者の負担を増加させる恐れもある。他方、標準的な実費額を基礎として計算された定額を支給する方式は、厳密には実費と一致しない可能性もあるが、手続的に簡単であり、定額内に収めようというインセンティブを促して経費節約に繋がる利点があると考えられる。このため、明治以来の旅費に関する規則は、官位・旅行内容等に応じた定額を定める一方で、支給額の増減の調整が可能となる仕組みを採用してきたものと考えられる。

　戦後、「国家公務員等の旅費に関する法律」（昭和25年法律114号。以下「旅費法」という。）が制定され、勅令は廃止された。旅費法は、明治以来の勅令の枠組みを概ね踏襲するものであり、旅行者の属性や旅行の内容等に応じた定額を定める一方で、支給額の増減の調整を可能としている。旅費法を審議した国会における政府の提案理由説明においては、当時の実情を踏まえた旅費定額の改訂を行う必要があること、旅行命令や旅費の請求など国家公務員等の旅行に関する手続きの整備を図る必要があることの2点が旅費法立案の理由とされている。

　この旅費法については、定額の水準等について随時改正が行われてきたが、基本的な制度の枠組みは変更されることなく、現在に至っている。

2　旅費法の構成

　旅費法は、以下のように構成されている。
第1章　総則
第2章　内国旅行の旅費
第3章　外国旅行の旅費
第4章　雑則
附則
別表第1
別表第2

　第1章総則においては、旅費法の目的や用語の定義に加え、旅行命令や旅費の請求など国家公務員等の旅行に関する手続き、旅費の支給対象、旅費の種類、旅費の計算の準則等に関する規定を置いている。

　第2章内国旅行の旅費及び第3章外国旅行の旅費においては、第1章総則に規定する旅費の種類毎の支給基準等を規定している。

　第4章雑則においては、旅費の調整に関する規定、実施に関する財務省令への委任等を規定している。

　別表第1は、内国旅行の旅費について、旅行者の属性や路程等に応じた定額を掲げており、別表第2は、外国旅行の旅費の定額を掲げている。

　旅費法に基づく下位の規範としては、

・　「国家公務員等の旅費支給規程」（昭和25年大蔵省令第45号。以下「旅費支給規程」という。）

・　「国家公務員等の旅費に関する法律の運用方針について」（昭和27年蔵計第922号。以下「旅費運用方針」という。）

等がある。

　また、一般法たる旅費法に対する特別法としては、

・　「国会議員の歳費、旅費及び手当等に関する法律」（昭和22年法律第80号）――国会議員

・　「民事訴訟費用等に関する法律」（昭和46年法律第40号）――証人、鑑定人、通事、説明者等

・　「国民健康保険法」（昭和33年法律第192号）――関係人、医師、歯科医師

など多数存在する。

3　旅費法の概要

　旅費法第1条（目的）は、第1項において、公務のため旅行する国家公務員等に対して支給する旅費に関し諸般の基準を定めると規定し、同法が

国家公務員を含め公務のために旅行する者に支給される旅費の基準を定めることを明らかにしている。そして、この基準により、公務の円滑な運営に資するとともに国費の適正な支出を図ることを目的とすると規定している。同条第 2 項は、旅費法が国家公務員等に対する旅費に関する一般法であることを規定している。

　公務のための旅行は、国家公務員ではない証人、鑑定人、参考人、通訳等にも必要となる場合があり、旅費法に基づいて旅費が支給される対象者は国家公務員に限られるわけではない。他方、国費の適正な支出を確保するため、旅費支給の手続きや旅費の種類ごとの支給基準が旅費法に定められている。

　すなわち、公務のための旅行は、旅行命令権者（各庁の長又はその委任を受けた者）による旅行命令や旅行依頼によって行われなければならず、これらについては旅行命令簿又は旅行依頼簿に記録しなければならない。旅行命令権者は、通信による連絡手段によっては公務の円滑な遂行を図ることができない場合に限り旅行命令等を発することができる。また、旅行命令権者は、予算上旅費の支出が可能である場合に限り旅行命令等を発することができるとされており、予算制約に服することが規定されている。公務のために旅行し旅費の支給を受けようとする者は、旅費請求書とともに必要な資料を支出官に提出しなければならない。

　旅費の計算に当たっては、最も経済的な通常の経路及び方法により旅行した場合の旅費により計算することが原則とされ、公務上の必要や天災などやむを得ない事情がある場合には、その現によった経路・方法によって旅費を計算することとされている。

4　旅費の種類ごとの支給基準

　旅費法上、旅費の種類は、①鉄道賃、②船賃、③航空賃、④車賃、⑤日当、⑥宿泊料、⑦食卓料、⑧移転料、⑨着後手当、⑩扶養親族移転料、⑪

支度料、⑫旅行雑費、⑬死亡手当の13種類が定められている。それぞれの具体的な支給条件と金額に関する規定は、第2章（内国旅行の旅費）及び第3章（外国旅行の旅費）に規定されており、それぞれの概要は次表のとおりである。

種　　　類	支給対象		主な内容等
	内国	外国	
鉄　道　賃	○	○	旅客運賃等を支給
船　　　賃	○	○	旅客運賃等を支給
航　空　賃	○	○	旅客運賃等を支給
車　　　賃	○	○	鉄道を除く陸路旅行について、路程に応じ1キロメートル当たり37円（内国）又は実費（内国・外国）を支給
日　　　当	○	○	旅行者の属性や旅行の内容に応じた定額を支給
宿　泊　料	○	○	旅行者の属性や旅行の内容に応じた定額を支給
食　卓　料	○	○	水路旅行及び航空旅行において食費を要する場合に、一夜ごとの定額を支給
移　転　料	○	○	赴任に伴う住所又は居所の移転について、旅行者の属性や旅行の内容に応じた定額を支給
着　後　手　当	○	○	赴任に伴う住所又は居所の移転について、定額を支給
扶養親族移転料	○	○	赴任に伴う扶養親族の移転について、交通費等を支給
支　度　料	―	○	外国出張や外国赴任について、旅行者の属性や旅行の内容に応じた定額を支給
旅　行　雑　費	―	○	外国出張や外国赴任について、予防注射料、旅券交付手数料、査証手数料、外貨交換手数料及び入出国税の実費を支給
死　亡　手　当	―	○	外国出張や外国赴任の際に死亡した場合に、定額を支給

5　旅費の調整

　前記の規定に基づいて計算される支給額を減額する調整については、各庁の長に委ねられている。具体的には、公用の交通機関や宿泊施設を利用した場合など、特別の事情や旅行の性質により、旅費法や旅費に関する他の法律の規定による支給額が、不当に旅行の実費を超えたり、通常必要としない旅費を支給するものとなる場合、各庁の長が減額調整できることとされている。

　他方、旅費法や旅費に関する他の法律の規定による支給額では、特別の事情や旅行の性質により、公務のための旅行を行うことが困難である場合には、各庁の長が財務大臣と協議して増額調整することができることとされている。

第2章

移転料を実費支給するための
運用の見直しの考え方

1 国内の転居を伴う赴任に関する旅費法の規定

　国家公務員が国内で転居を伴う赴任をする際に支給される旅費としては、「移転料」、「着後手当」、赴任先への交通費（「鉄道賃」「船賃」「航空賃」「車賃」等）、「扶養親族移転料」が旅費法に規定されている。毎年度の予算書においては、主に各府省等の事務経費全般を計上する「共通費」と呼ばれる項の中の「（目）赴任旅費」に計上されている。

　旅費法は、「移転料」について「赴任に伴う住所又は居所の移転について、路程等に応じ定額により支給する。」と定め、「着後手当」について「赴任に伴う住所又は居所の移転について、定額により支給する。」と定めている（第6条第9項及び第10項）。一般的な解釈としては、前者は引越しのための諸経費、後者は新住居に入居するまでのホテル代などの移転に伴う諸雑費に充てるために支給されるものとされているが、旅費法は、それぞれの経費の実質について定義せず、赴任に伴う移転の距離等に応じた定額を支給する仕組みとしている。

　「移転料」（国内）は、旅費法別表第1で路程等に応じた定額を定め、赴任に際し、本人だけが住居の移転をすれば定額の1／2、扶養親族の住居も移転すれば定額の全額を支給すると規定している（第23条）。

　「着後手当」は、日当定額の5日分及び移転先の地域区分等に応じた宿泊料定額の5夜分を支給すると規定され（第24条）、旅費運用方針において、路程や入居事情に応じて2／5〜4／5に減額することとされている。

　旅費は、旅行の事実に対して支払われる実費弁償と考えるべきであるが、旅費法では、上記のように移転料を含め多くの旅費の種類で定額支給の方式を定めている。これは、標準的な実費額を定額として適用することにより、手続的に簡単で、経費が節約できるという利点を考慮したものと解されている。実務上も、多くの場合、定額支給の方式によって旅費が支給されている。ただし、旅費法に規定する定額はあくまで標準を定めたものであることに留意が必要である。実際に必要とする費用が定額を著しく上

回ったり、あるいは下回るというような場合には、その間の調節を図る必要があり、旅費法にはそのための規定が置かれている（第46条）。

■旅費法

（旅費の調整）

第46条　各庁の長は、旅行者が公用の交通機関、宿泊施設等を利用して旅行した場合その他当該旅行における特別の事情に因り又は当該旅行の性質上この法律又は旅費に関する他の法律の規定による旅費を支給した場合には不当に旅行の実費をこえた旅費又は通常必要としない旅費を支給することとなる場合においては、その実費をこえることとなる部分の旅費又はその必要としない部分の旅費を支給しないことができる。

2　各庁の長は、旅行者がこの法律又は旅費に関する他の法律の規定による旅費により旅行することが当該旅行における特別の事情により又は当該旅行の性質上困難である場合には、財務大臣に協議して定める旅費を支給することができる。

　なお、出頭のための交通費については実費を支給することが原則であり、「扶養親族移転料」としては、扶養親族の交通費の実費に加えて、職員の着後手当相当額の一定割合を定額で支給することとされている。

　以上の旅費法の規定に基づいて、例えば、東京から名古屋（当該移転の区分は300km 以上、500km 未満に該当）まで、本省の課長補佐（行政職俸給表（一）6級）が扶養親族（妻1人、子（中学生）1人）とともに転勤した場合を仮定して計算すると、次のようになる。

① 移転料　……………………187,000　円　（定額）

② 日当　………………………1,100　円　（定額）

③ 着後手当　………………… 26,200　円　（定額）※

④ 鉄道賃　………………… 10,560　円　（実費）

⑤ 扶養親族移転料　……… 57,520　円　（②～④の金額の一定割合）

計　282,380　円

※　本事例は、新在勤地に到着後直ちに国設宿舎へ入居したことにより、運
用方針第46条関係第1項第5号イを適用し、5日5夜分から2日2夜分へ
減額を行っている。

　以上の赴任旅費については、人事異動の発令後、異動先（新在勤官署）
の旅行命令により赴任することになると考えられることから、異動先から
支給されるのが通例である。

2　移転料の支給方法の見直しの背景

　近年、人手不足等を背景に、引越し業者の手配が困難であったり、引越
代が高騰しているケースが生じていると言われている。これは、毎年3〜
4月において顕著と言われており、国土交通省の取りまとめた平成30年度
における大手引越事業者の引越件数によると、平成30年4月は25.8万件、
平成31年3月は28.2万件と、それ以外の月の平均15.3万件を大きく上回っ
ている。このため、業界団体から引越時期の分散の呼びかけが行われてお
り、政府内においても、内閣人事局から各府省に対し、いわゆる赴任期間
を活用すること等による引越時期の分散に向けた取組みへの協力が呼びか
けられている。

　国家公務員の引越代支出の実態を把握することは必ずしも容易ではない
が、令和元年に行われたサンプル調査によると、支給された移転料と職員
が実際に支払った経費の平均は、次のようになっている。

	3・4月	6・7月
支給された移転料（平均）	113,580円	112,201円
職員が実際に支払った経費（平均）	129,759円	111,412円

　このように全体の平均で見ると、定額方式の移転料の水準が著しく乖離
しているとは言い難いが、職員が実際に支払った経費が移転料支給額を上

回っている者のみで比較すると、次のように、3・4月及び6・7月のいずれにおいても相当の乖離が生じている。

	3・4月	6・7月
支給された移転料（平均）	133,712円	101,234円
	1.9倍	1.5倍
職員が実際に支払った経費（平均）	259,243円	150,181円

　職員が実際に支払った経費が支給額を上回っている者の割合は、3・4月で42%、6・7月で35%となっており、相当数に上っている。

　移転のための経費は、異動命令に基づいて赴任するために当然必要となるものであり、本来、旅行命令権者が支給すべきものであるが、前述のように近年の引越しを取り巻く環境の変化により、実費と支給額との間に相当の乖離を生じるようになっている。こうした事態に対応するため、移転料の支給方法について見直しを行うこととなった。

3　移転料の支給方法の見直しの考え方

(1) 総論

　前述のとおり、旅費は旅行の事実に対して支払われる実費弁償と解されており、移転料についても実費を支給することが原則である。移転のための実費を弁償すべきことは、移転が旅行命令権者による旅行命令によって行われるものであり、旅費法上、旅行命令権者は「予算上旅費の支出が可能である場合に限り、旅行命令等を発することができる。」と規定されている（第4条第2項）ことからも明らかであろう。

　旅費法は、移転料の定額を定めているが、特別な事情や当該旅行の性質上困難である場合には、各庁の長は財務大臣に協議して定める旅費を支給することができると規定しており（第46条第2項）、定額と実費が乖離する場合でも実費の支給が可能となっている。しかし、前記 2 のサンプ

ル調査が示すように乖離しているケースが相当数に上る場合には、個々別々に協議を行うことには過大な事務コストが発生しかねない。このため、移転料の支給方法について見直しを行い、実費弁償の必要と経費節約・事務簡素化の両立を図ることにした。その際、支給方法の見直しによって、国家公務員の間で不公平が生じないように留意する必要があることは言うまでもない。

（2）実費弁償

　　まず、実費弁償については、移転料の対象となる経費の範囲を定める必要がある。旅費法上、移転料は「赴任に伴う住所又は居所の移転について、路程等に応じ定額により支給する。」と定める（第6条第9項）に留まっており、定額ではなく実費を支給しようとする場合、実費支給の対象となる「赴任に伴う住所又は居所の移転」に係る経費の範囲を画する必要がある。移転に係る経費については、移転の態様や状況等によって様々なものがあり得ると考えられ、その範囲については、ポジティブリストではなく、ネガティブリストを定めて、社会通念上相当な対象経費を定めることとした。具体的には、①他の旅費の種類（着後手当等）で支弁すべき経費、②民間企業において支給を制限している経費、③家電・家具等の生活用品等を購入した経費等の実費支給に馴染まない経費、の3類型で具体的な経費を指定し、財務省主計局給与共済課長から各庁に通知した（本書27頁「資料1」参照）。この具体的な経費については、当然のことながら将来にわたって確定的なものではなく、諸般の状況の変化や各種事例の積み重ねに伴って、随時見直しを行うべきものと考えられる。

（3）経費節約

　　経費節約については、引越し業者を利用する場合に、原則として、3社以上から最も安価なプランで見積りを取り、その中で最も安価なものを上限額とした。見積りの比較対象数については、多いほど価格競争を促進し

節約に資すると考えられる一方で、全国各地において見積りに応じる事業者数は限られる場合もあり、比較作業の実効性や事務の効率性にも配慮が必要である。そこで、一つの目安として 3 社の比較を行うこととし、引越繁忙期などの理由によって見積りに応じてもらえないなどのやむを得ない理由がある場合には、メタサーチサイト（キーワードを複数の検索エンジンを用いて横断的に検索して一括比較できるサイト）の利用や経費節約のために適正に努力したことを書面で申告することを認め、柔軟な対応が可能な形にしている。要は、社会通念に照らして妥当と考えられる経費とすることが重要なのであって、杓子定規な形式主義ではなく、状況に応じて赴任者が提出できる証憑類を移転料支給担当者が確認することにより、適正な移転料の支給を行おうというものである。

　なお、今回の国家公務員の移転料の支給方法の見直しについて周知するとともに、これによって市場環境に無用の影響を与えないよう、国土交通省から関係団体に対し通知を行った。（本書29頁「資料 2 」参照）

（4）事務簡素化

　次に、行政事務の簡素化の観点から、新たな支給方法をできるだけ簡素な手続きにしつつ、社会通念に照らして良識の範囲内で迅速な執行ができるように配慮した。

　具体的には、膨大な数に上る移転の全てについて個別の財務大臣協議を行うことは実務上困難と考えられることから、各庁の長と財務大臣との間の協議文（後記 4 ）に従って移転料を支給する場合には、旅費法上の定額の 3 倍までは各庁の長から財務大臣への事前の個別協議を要さず、事後報告で足りることとした。前記 2 のサンプル調査によると、旅費法上の定額の 3 倍までで、3・4 月の赴任者のおよそ95％がカバーされることになり、大半の移転について効率的な執行が可能となるものと考えられる。

　また、各庁における旅費支給事務の効率性・統一性を確保するため、

「移転料精算金額確認書」の統一様式（本書30頁「資料3」参照）を定め、移転料の請求・支給が容易に行えるように取り計らった。これは、旅費法上の定額の3倍を超える場合の財務大臣への個別協議の便にも資すると考えられる。

（5）公平性

　最後に、国家公務員の間の公平の観点から、上記の支給方法の見直しについては、各庁共通で全ての移転について例外なく実施することとした。実施時期については、準備の整った官庁から順次開始することとし、令和2年3月から7月までの間に全ての国家公務員の移転に適用されることとなった。

　また、実費支給のための手続き等を整理したことに伴い、実費が定額を下回る場合には、実費相当額まで減額調整を行うこととした。これは、実費支給の原則を一貫して適用するとともに、赴任する職員の間の公平性を確保し、実費支給による経費増の財源としても活用することを企図したものである。

　今回の移転料の支給方法の見直しは、過去に例のないものであり、支給実績の把握・分析を行った上で、令和3年度以降の取扱いを検討することとしている。

4　各庁の長と財務大臣との間の協議文の内容

　前記 3 の移転料の支給方法の見直しについては、全ての国家公務員の赴任に伴う移転について適用されることになるが、旅費法上は第46条第2項の財務大臣協議の規定に基づくので、行政事務の簡素化の観点から、財務大臣協議のあり方を工夫する必要がある。このため、前述のとおり、各庁の長と財務大臣との間で、移転料の支給方法の取り決めを行い、これ

に従う場合には、旅費法に規定する定額の 3 倍を上限として各庁の長が適当と認める額を支給できることとした。これは、いわゆる包括協議と言われる方法で、旅費法に規定する定額の 3 倍を超える場合には、各庁の長は個別に財務大臣に協議する必要がある。この場合においても、前記 3 に示す支給方法に従うべきことは言うまでもない。

　この包括協議の内容は、各庁共通で次の（1）〜（5）の囲み内の記載のとおりであり、項目ごとに解説する。

（1）柱書き

> 　国家公務員等の旅費に関する法律（昭和25年法律第114号。以下「旅費法」という。）第 6 条第 9 項に基づき支給される移転料（内国旅行に限る。また，同一官署に勤務しつつ，異動等により国設宿舎の入退去を命じられた場合を含む。以下同じ。）について、旅行者が実際に出捐した実費（以下「実費」という。）と一致させる観点から、以下のとおり支給を行うこととしたく協議します。なお、本協議について、異存がない旨通知いただいた際には、本協議に基づく取扱いを令和●年●月●日以降に発令された採用又は転任から開始することとします。

（イ）本協議の対象

　本協議の対象は、旅費法第 6 条第 9 項に基づき支給される内国の移転料である。

　今回の移転料の支給方法の見直しは、人手不足等を背景に引越代が高騰しているケースがあること等を踏まえたものであり、内国の移転料のみを対象としている。外国の移転料については、海外赴任を巡る状況や各種手当との関係などを踏まえて検討すべきと考えられ、今回の見直しの対象ではない。

　また、同一地域内で勤務を継続するものの、異動等によって国設宿舎（危機管理宿舎など）への転居が求められるような場合の移転も今回の見

直しの対象となる。旅費法上、移転料は、①赴任に伴う、②住所又は居所の移転、について支給されるもの（第6条第9項）であり、赴任とは、採用又は転任に伴う移転のための旅行（第2条第1項第7号）と規定されている。在任者を例にとると、異動や併任の発令がここでいう転任に当たり、これに伴う移転については、当然移転料の支給対象となる。

　旅費法上、異動等により、同一地域内で危機管理宿舎等への入退居が必要となった場合の移転料については、定額の1／3（扶養親族を随伴しない場合は1/6）と規定されている（第27条第3号、第28条第1項第3号）。この定額は、引越代の実勢価格とかけ離れている場合が多いことなどを考慮し、関係する各庁の長と財務大臣との間で包括協議を行っている例がある。この包括協議を上書きする形で本包括協議が適用されることになるので、柱書き中「移転料」に続く括弧書きにおいて確認的に明記している。なお、各庁から財務大臣宛の公文においても、本包括協議が発効する際に先の包括協議が失効することを明記することとしている。

（ロ）実費の内容

　今回の移転料の支給方法の見直しにより、旅費法に規定する定額ではなく実費を支給することになるが、当然のことながら、支給される実費とは、赴任に伴うあらゆる出費が該当するわけではない。支給される実費は、①赴任に伴う現実の出費であること、②社会通念上公費で弁償することが相当と考えられること、を充たす必要があろう。①の観点から、実費は、旅行者（赴任する職員）が実際に出捐したものでなければならないことを柱書きに明記している。また、②については、各庁の長が、柱書きに続く1．～3．（本書19～22頁（2）～（4）枠囲み内参照）に掲げる規範に従って移転料を支給することが必要である。

（ハ）実施時期

　今回の移転料の支給方法の見直しの実施時期については、移転料の支給

に係る各庁の事務量や事務処理体制が様々であるなど、各庁毎に状況が異なることを踏まえ、準備の整った官庁から順次開始することとした。そのため、各庁の長から財務大臣に対する協議文において、それぞれ開始期日を明記することとし、適用時点の明確化のために、事実行為の時点である移転日ではなく、公文書上期日が明記される「発令された採用又は転任」の日とした。

（2）実費支給の対象となる経費の範囲

> 1．以下に掲げる「対象外経費」（別途、財務省主計局給与共済課が具体的に指定する「対象外経費」を指す。以下同じ。）を除き、実費を移転料として支給することとします。但し、本協議の対象は旅費法に規定する移転料定額の3倍までとし、3倍を超える支給を行う場合は、内容を精査のうえ、別途旅費法第46条第2項に基づく協議を行うこととします。
> 　【対象外経費】
> 　①他の旅費の種類（着後手当等）で支弁すべき経費
> 　②民間企業においても支給を制限している経費
> 　③家電・家具等の生活用品等を購入した経費等の実費支給に馴染まない経費

（イ）対象外経費

　前述のとおり、移転に係る経費については、移転の態様や状況等によって様々なものがあり得ると考えられ、その範囲については、ポジティブリストではなく、ネガティブリストを定めて、社会通念上相当な対象経費を定めることとした。

　具体的には、①他の旅費の種類（着後手当等）で支弁すべき経費、②民間企業においても支給を制限している経費、③家電・家具等の生活用品等を購入した経費等の実費支給に馴染まない経費としている。その上で、これらに該当する個別の経費については、事務処理の公平性や簡便性に配慮

して、類型毎に具体的な経費を別途指定することとした（本書27頁「資料1」参照）。これらの経費は、当然のことながら将来にわたって確定的なものではなく、諸般の状況の変化や各種事例の積み重ねに伴って、必要に応じて随時見直しを行うべきものと考えられる。

（ロ）包括協議の対象

本協議により旅費法第46条第2項に基づいて実費を支給できる移転料の範囲については、旅費法上の定額の3倍までとして、行政事務の効率性や的確かつ迅速な事務処理に配慮している。ただし、この場合においても、各庁の長から財務大臣に対して事後報告を行う必要がある。

旅費法に規定する定額の3倍を超える場合には、各庁の長は個別に財務大臣に協議する必要がある。

（3）減額調整

> 2．実費が旅費法に規定する移転料の定額未満の場合においては、旅費法第46条第1項を適用し、実費まで減額調整を行ったうえで移転料を支給することとします。

旅費法第46条第1項は、「旅行者が公用の交通機関、宿泊施設等を利用して旅行した場合その他当該旅行における特別の事情に因り又は当該旅行の性質上この法律…の規定による旅費を支給した場合には不当に旅行の実費をこえた旅費又は通常必要としない旅費を支給することとなる場合」に、各庁の長が支給額を減額できると規定している。

今回の旅費の支給方法の見直しにおいて、支給対象となる実費の範囲を整理し、手続きを統一的に見直したことから、実費が定額を下回る場合においても、実費相当額まで減額調整を行うこととした。これは、実費支給の原則を一貫して適用するとともに、赴任する職員の間の公平性を確保し、実費支給による経費増の財源としても活用することを企図したものであり、

旅費法上の定額を超える実費を支給することと表裏一体の関係にある。このため、本包括協議において、減額調整についても各庁の長において確実に実施するよう明記したものである。

（4）実費による移転料の支給方法

3．移転料の支出を抑制する観点から、すべての旅行者に、以下の行為を確実に行い、その証憑等を提出することを条件として、移転料を支給します。

【支給要件】

・　引越し業者と契約する際は、原則として、3社以上から「最も安価なプラン」で見積りを行い、「最も安価な金額を提示した業者」へ依頼すること。

・　引越し繁忙期に引っ越しを行う場合や業者数が少ない地域に居住している場合など、見積りを3社から徴することができない場合については、メタサーチサイトによる検索等を行い、対応可能な業者が3社未満であること及び検索等の結果依頼する業者の価格が最も安価であることが確認できる資料の提出を行うこと。

・　旅行者自らの意思により、「最も安価な金額を提示した業者」以外に依頼する場合又は「最も安価なプラン」以外で引越しを依頼する場合は、「最も安価な金額を提示した業者」の「最も安価なプラン」の見積り額を上限とした実費支給とすること。

・　引越し業者へ依頼せず、宅配便やレンタカー等を利用して移転を行う場合には、領収書等に基づき実費を支給する。但し、引越し業者へ依頼するよりも実費が高額になる場合は、引越し業者へ依頼した場合の実費を上限として支給することとし、実費及び上限額が確認できる資料の提出を行うこと。

・　やむを得ない事情等により、支給に必要な証憑等を提出できない場

合については、合理的な算定方法に基づき、適切な実費を支給すること。
・　旅行者から支出額を証明できる領収書等を確実に徴するほか、旅行
者に対し、別添1「移転料精算金額確認書」の提出を求め、担当部局
等において別添2の「集計表」により支給実績の把握・分析を行うこと。

（イ）移転料の支給方法

　前記 3 で述べたように、移転料を実費支給にするに当たっては、経
費節約、行政事務の簡素化、国家公務員の間の公平に配慮する必要があり、
そのための支給方法を規定している。この支給方法については、本包括協
議の対象となる旅費法上の移転料の定額の3倍以下の実費を請求する旅行
者だけでなく、すべての旅行者に適用すべきである。その上で、

・　実費が移転料の定額以上かつ3倍以下の場合には、本協議文に基づ
き各庁の長の判断で移転料の支給を行い、
・　3倍を超える場合には、個別に各庁の長が財務大臣に協議して移転
料を支給し、
・　実費が移転料の定額を下回る場合には、各庁の長が減額調整を行う
ことになる。

　また、旅行者に、以下に説明する支給方法に係る証憑類の提出を求める
ことにより、公正かつ的確な移転料の支給を確保する必要がある。

（ロ）引越し業者に依頼する場合

　実費を支給するに当たって、引越しの経費をできるだけ節約すべきは当
然である。このため、原則として、3社以上から最も安価なプランで見積
りを取り、その中で最も安価なものを上限額とすることとした。なお、引
越し業者の見積りについては、標準引越運送約款（平成2年11月22日運輸
省告示第577号）において記載事項が規定されているほか、全日本トラッ
ク協会が標準見積書様式を公表している。

　見積りの比較対象数については、多いほど価格競争を促進し節約に資す

ると考えられる一方で、全国各地において見積りに応じる事業者数は状況に応じて様々であると考えられ、過度に多数の比較を要求すると移転作業が停滞したり、内容が疎かになったりする等の弊害も生じかねない。そこで、一つの目安として3社の比較を行うこととした。

　「最も安価なプラン」とは、資料1（本書27頁参照）の「対象外経費」に掲げている、いわゆるおまかせパックなどのオプションが含まれない基本的なプランを指す。

　民間企業においても、ピアノ、美術品・骨董品、ペット、庭石・植木のように個人的趣味で大型なものや個人的な嗜好の強いものを運搬する際の追加費用、自家用車等を運搬する際の追加費用、荷造りや荷解きに係る追加費用は対象外としている場合が多いと考えられることから、こうした経費は国家公務員の移転料についても対象外としている。工事に係る追加費用も原則として対象外であるが、国が貸与する宿舎においては、エアコン及びガス器具について、入居者による設置と退去者による撤去が求められることが通例である事情を考慮し、これらの着脱費用については移転料の支給対象としている。ただし、この場合でも、エアコンのガス補充費用等のメインテナンス費用は生計費の一部として、移転料の対象外と整理している。

　また、通常生計費として支出するものや、友人等への支出については、赴任に伴う出費であっても、移転料の対象外と整理している。通常生計費として支出するものとしては、家具、家電等の購入費・レンタル料、宿舎等の原状回復費用、家電リサイクル費用、ゴミ回収費用、荷物の保管のための追加費用、民間賃貸住宅の初期費用、学校や住所変更手続き等に関する費用などが挙げられる。

　引越し業者については、最も安価な業者へ依頼することを原則とし、旅行者の選好によって最も安価な業者以外の業者に依頼する場合には、最も安価な金額を提示した業者の最も安価なプランを上限として移転料を支給することとなる。

　また、引越繁忙期などの理由によって見積りに応じてもらえないなどのやむを得ない理由がある場合には、メタサーチサイトの利用や経費節約のために適正に努力したことを書面で申告することを認めている。具体的には、例えば、メタサーチサイトの表示画面の写しや、業者が見積り依頼に応じなかったことを示す電子メールや電話での通話メモ等を提出することが考えられる。要は、社会通念に照らして妥当と考えられる経費とすることが重要なのであって、杓子定規な形式主義ではなく、状況に応じて赴任者が提出できる証憑類を移転料支給担当者が確認することにより、適正な移転料の支給を行おうというものである。

（ハ）引越し業者以外の方法での移転

　移転の方法としては、引越し業者を利用することが通例と考えられるが、必ずしもそれに限定することなく、移転の具体的内容や経費等を勘案して宅配便やレンタカー等を利用することも認められて然るべきであろう。宅配便やレンタカーを利用する場合には、引越し業者へ依頼するより安価な場合が多く、価格設定については定型的に定められていることが多いと考えられる。このため、これらの経費の適正性について過度に資料提出等を求める必要性は少なく、原則として、相見積り等を要せず、領収書等で足りることとしている。

　ただし、例えば、宅配便で大量の荷物を送るとか、高額なレンタカーを利用するなどにより、通常の引越し業者に依頼した場合よりも高額の経費を支出しているような場合には、社会通念上相当とはいえない。このような場合には、上記の引越し業者に依頼する場合に倣って上限額を適用すべきである。具体的には、旅行者から、実際に出捐した実費と適切に算定した上限額を裏付ける証憑類を提出させて、適正な移転料を支給すべきである。

（二）証憑等が提出できない場合

　移転料は、公費によって支弁されるものであり、支出の適正性を裏付ける証憑類の提出を求めることが原則である。ただし、個別の移転を巡る状況は様々であると考えられ、やむを得ない事情によって証憑類の提出が困難と認められる場合にまで、形式的な証憑類の提出に拘泥して事務処理することが適当とは考えられない。このような場合には、証憑類を提出できないやむを得ない事情等と合理的な算定方法に基づく実費について、旅行者に申告させ、移転料支給担当者がそれらの適切性を審査して、適正な実費を支給することとなる。要は、社会通念に照らして妥当と考えられる経費とすることが重要なのであって、個別の状況に応じて実費支給の妥当性を確認し、公費支出の適正性・合理性を確保すべきである。

　なお、前述のとおり、移転料は実際に出捐した実費を支給するものであり、旅行者から支出額を証明できる領収書等を提出させることは不可欠である。

（ホ）移転料精算金額確認書等

　今回の移転料の支給方法の見直しについて、全ての国家公務員に公平に実施するため、協議書別添1（本書30頁「資料3」参照）の移転料精算金額確認書を作成した。これにより、確認事項の漏れ等を防止しつつ、移転料の支給方法の見直し後の支給実績の把握が容易になると期待される。今回の移転料の支給方法の見直しは、過去に例のないことであり、統一的な様式で比較可能とすることは、適正かつ公平な移転料の支給にも繋がるものと考えられる。

（5）支給実績の把握・分析

　4．移転料の支給実績については、1月、4月、7月、10月を起算とした四半期毎に別添2「集計表」を当該四半期の最終月の翌々月15日までに

財務省主計局給与共済課に報告することとします。なお、やむを得ない
事情により、期限までに提出できない場合については、財務省主計局給
与共済課へ期限の延期について申し入れを行うこととします。

5．令和3年度以降の取扱いについては、支給実績の把握・分析を行った
うえで、改めて協議することとします。

　今回の移転料の支給方法の見直しは、過去に例のないことであり、支給
実績の把握・分析を通じて、支給方法の改善に繋げていく必要がある。

　このため、各庁の長から、四半期毎に集計表の提出を求めることとし、
その分析結果に基づいて、次年度以降の改善に繋げることとしている。し
たがって、上記の協議文の有効期間は、令和2年度末までとしている。

5　その他

（イ）旅行命令取消しの場合の取扱い

　旅行命令が取り消された場合の移転料の取扱いについては、旅費法第3
条第6項に基づき、旅費支給規程第2条第2号において、移転料の1／
3の範囲内で支給されることとされているが、この場合においても、旅費
法第46条第2項が適用されることは当然である。今回の移転料の支給方法
の見直しに伴い、旅費支給規程第2条柱書きに「法第46条第2項の規定に
基づき財務大臣に協議して定める旅費の額を支給する場合を除き、」を加
筆し、その趣旨を明確化した。

（ロ）沖縄特例

　旅費運用方針第46条関係第2項2においては、沖縄と本土との間の赴任
について、移転料の定額の3割増しの支給ができると規定されているが、
今回の移転料の支給方法の見直しにより、当該規定は空振りとなる。

資料1

事務連絡給 20200221 第 1 号
令和2年2月21日

（各府省等担当課長）　宛

財務省主計局給与共済課長
斎　須　朋　之

移転料の対象外経費について

　標記のことについて、別添のとおりとするので遺漏なきよう取り計らい願
いたい。

28

(別添)

移転料の「対象外経費」は、①他の旅費の種類で支弁すべき経費、②民間企業においても支給を制限している経費、③家具、家電等の生活用品等を購入した経費等の実費支給に馴染まない経費とし、具体的には下記の経費を指定するので、遺漏なきようお取り計らい願いたい。

「対象外経費」	
①	他の旅費の種類で支弁すべき経費
	・旅行者本人及び扶養親族の交通費（電車、航空機、バス等） ・着後に要する経費（挨拶代、宿泊代等）
②	民間企業においても支給を制限している経費
	・ピアノ、美術品・骨董品、ペット、庭石・植木のように、個人的趣味で大型なものや個人的な嗜好の強いものを運搬等する際の追加費用 ・自家用車、オートバイ等を運搬等する際の追加費用 ・荷造、荷解にかかる追加費用（いわゆるお任せパック等を利用したことによる追加費用であり、追加の作業員に係る補助車両費を含む） ・工事、設置等に係る追加費用（但し、エアコン、ガス器具の着脱費用（エアコンガス補充費用等を除く）については、支給の対象とする）
③	家具、家電等の生活用品等を購入した経費等の実費支給に馴染まない経費
	・家具、家電等の購入費及びレンタル料 ・宿舎等修繕費（ハウスクリーニング等の原状回復費用を含む） ・家電リサイクル費用 ・不用品、不要品、粗大ごみ回収費用 ・荷物を一時保管する場合の追加費用 ・敷金、礼金、仲介手数料等（民間賃貸住宅等へ入居する際の初期費用） ・民間賃貸物件の下見にかかる費用 ・友人等の手伝い者の謝礼及び食事代 ・扶養親族の転園、転学等に要する費用 ・官公庁への諸手続きに要する費用

※ 不明な点がある場合には、財務省主計局給与共済課に照会いただきたい。

資料 2

令 和 2 年 2 月 2 6 日
国土交通省自動車局貨物課

国家公務員の旅費支給手続き変更に伴う周知について

　今般、国家公務員の人事異動に伴う旅費（引越費用等含む、以下「旅費」という。）支給手続きについては下記 1. のとおり変更されることとなっております。運送約款の適切な運用をはじめとした下記 2. の内容について、改めてご確認いただくようお願い申し上げます。
　また、例年引越の依頼が集中する 3 月から 4 月にかけた繁忙期を迎えるにあたって、引越サービスを提供するトラック運送事業者の皆様におかれましては、健全な引越事業の発展に向けて、改めて貨物自動車運送事業法の適切な運用に努めていただきたい所存でございます。

記

1. 国家公務員の旅費支給手続きの変更について

　国家公務員の引越を伴う赴任に際しては、今後、旅費を適正に支給する観点から、原則 3 社以上の引越事業者から見積書を取り寄せた上で、事業者に依頼することとし、その実費を支給することとなりました。
　その際、支給される旅費は通常の引越に要する基本的作業に係るものとし、荷造り等の作業費については、支給の対象外となっております。
　なお、今回の手続きの変更により、公正な市場環境に影響を与えないよう、関係法令を遵守するようお願いいたします。

2. 運送約款等の適切な運用について

　標準引越運送約款等に基づき、適切に見積書を作成していただくとともに、請求書の作成にあたっては、見積書の内容に変更が生じた場合、当該変更に応じた所要の修正を行うなど、改めて運送約款の適切な運用を徹底していただきますようお願い致します。
　また、見積書の作成にあたっては、全日本トラック協会が定める標準見積書様式をはじめとする、運賃等の内訳を明確に記載することのできる見積書を用いるなどのご協力をお願い致します。
　なお、運賃等は届出した運賃の範囲において適正に収受するようご留意願います。

資料3

移転日		移転料精算金額確認書		別添1

府省等名		職名		氏名	

適用されている俸給表		級		行(一)に相当する職務の級	

随伴する扶養親族の有無		移転の形態		沖縄－本土間の移転であるか否か	

新所属官署				旧所属官署			

新旧所属官署間の距離(ア)	鉄道		水路(実*㎞)		陸路(実*㎞)		旅費法上の*㎞数合計	
		km		km		km		km

新住所				旧住所			

新旧住所間の距離(イ)	鉄道		水路(実*㎞)		陸路(実*㎞)		旅費法上の*㎞数合計	
		km		km		km		km

(ア)と(イ)のいずれか少ない距離	km	旅費関連規程で定める支給額	

		実際に依頼した引越業者名		
a 実際に依頼した業者の額		①業者への支払額		
	対象外経費	ⅰ)ピアノ、美術品・骨董品、ペット、庭石・植木の様に個人的趣味で大きなものや個人的な嗜好の強いものを運搬する際の追加費用		
		ⅱ)自家用車、オートバイ等を運搬する際の追加費用		
		ⅲ)荷造、荷解きにかかる追加費用		
		ⅳ)工事費・設置等にかかる追加費用(エアコン、ガス器具の脱着工事を除く)		
		ⅴ)家具、家電等の購入費及びレンタル料		
		ⅵ)家電リサイクル費用、不用品等の回収費用、ハウスクリーニング費用		
		ⅶ)荷物を一時保管する場合の追加費用		
		ⅷ)値引き、消費税等調整額		
		②(ⅰ～ⅷ)計	②	0
		①－②		

(二枚目へ)

b		対象経費の額が最安価であった引越業者	
比較した業者の中で最安価である引越業者（プラン）の額		①見積書の総額	
	対象外経費	ⅰ）ピアノ、美術品・骨董品、ペット、庭石・植木の様に個人的趣味で大きなものや個人的な嗜好の強いものを運搬する際の追加費用	
		ⅱ）自家用車、オートバイ等を運搬する際の追加費用	
		ⅲ）荷造、荷解きにかかる追加費用	
		ⅳ）工事費・設置等にかかる追加費用（エアコン、ガス器具の脱着工事を除く）	
		ⅴ）家具、家電等の購入費及びレンタル料	
		ⅵ）家電リサイクル費用、不用品等の回収費用、ハウスクリーニング費用	
		ⅶ）荷物を一時保管する場合の追加費用	
		ⅷ）値引き、消費税等調整額	
		②（ⅰ～ⅷ）計	0
		①－②	

見積りを依頼したa・b以外の業者（1社目）	（業者名）	金額

見積りを依頼したa・b以外の業者（2社目）	（業者名）	金額

c　a以外の支払額	レンタカー代、ガソリン代、高速道路利用料などの運搬に直接かかる費用	
	段ボールやガムテープといった資材購入費用	
	宅配便などの運送料	
	その他、移転に際して直接要した費用（対象外経費を除く）	
	合計額	0

b ＋ c ＝ 支給額　　　　　　0　　円

資料4

移転料支給事務手引書

令和2年2月

　この手引書は、赴任にあたっての移転料支給の職務に従事する職員の便宜に供するため、作成したものです。
　各省庁の個別の実情等に応じて、加筆修正等いただき、適正かつ円滑な移転料の支給が行われるよう対応していただくことをお願いします。

旅行者が着任までの段階で行うべきこと①

①内示が出たら

パターンA　引越業者へ依頼して、移転する

- 3社の見積書を取得し、対象経費を比較します。
（複数の引越しプランが存在する場合には最安価のプランの見積書を確実に入手してください）

パターンB　宅配便を利用して、移転する

- 引越業者へ依頼するよりも安価であることが判断できる書類を用意してください。

パターンC　自家用車・レンタカー等を利用して、移転する

- レンタカー代金について、借入期間・車種・オプションが最低限であると判断できる資料を用意してください。

2

旅行者が着任までの段階で行うべきこと②

②発令・赴任

パターンA　引越業者へ依頼して、移転する

- 実際に業者へ依頼して、移転を行います。
- ※①の際に見積りを取得した業者のうち、対象経費が最安価の業者へ依頼した場合には対象経費全額が支給対象となりますが、それ以外の業者へ依頼した場合は最安価の業者の見積額が上限となることに留意願います。
- 移転が終了した際に発行される領収書（内訳の分かるもの）を確実に受領願います。
- その他、移転に際して発生した資材類の領収書を保存してください。

パターンB　宅配便を利用して、移転する

- 伝票やレシートなど宅配便を利用した箱数、金額がわかるものを保存してください。

パターンC　自家用車・レンタカー等を利用して、移転する

- 実際に利用した高速道路料金、ガソリン代の領収書を保存してください。
- レンタカー代金の利用内訳（借入期間・車種・オプションなど）の分かる領収書を保存してください。

3

34

旅行者が着任までの段階で行うべきこと③

パターンA　引越業者へ依頼して、移転する

- ①・②で取得した内訳の分かる見積書・領収書を用意してください。
- 資料に基づき移転料精算金額確認書を作成し、領収書類とともに支出官等に提出してください。

パターンB　宅配便を利用して、移転する

- ①・②で用意した資料を用意してください。
- 資料に基づき移転料精算金額確認書を作成し、資料とともに支出官等に提出してください。

パターンC　自家用車・レンタカー等を利用して、移転する

- ①・②で用意した資料・領収書を用意してください。
- 資料に基づき移転料精算金額確認書を作成し、資料とともに支出官等に提出してください。

③着任後

4

移転料の支給を受けるため必要な書類

1．当該移転に要する最低限の実費であることを証明する資料
- ①３社から見積書を取得し、引越業者へ依頼した場合
  - ☞　３社分の見積書（内訳で対象外経費を区別できるもの）
- ②３社未満しか見積書を取得できなかったが、業者を広く検索した上で、依頼した場合
  - ☞　取得できた見積書、メタサーチサイトの検索画面、申立書など
  - ※申立書については、最低限の実費であることを裏付けるために行った引越業者への照会等（日時・相手方氏名・回答内容等）を明記し、旅行者が署名または捺印したもの。
- ③宅配便で引越した場合
  - ☞　引越業者へ依頼したと仮定した場合よりも安価であるとわかる資料
- ④自家用車・レンタカー等で引越した場合
  - ☞　高速道路料金・ガソリン代が社会通念上相当であるとわかる資料
    レンタカー代金について、借入期間・車種・オプションが最低限であるとわかる資料

2．移転に要したすべての経費についての領収書
業者からの領収書、レンタカー代等の領収書等
（注）領収書がない費用については原則として支給することができません。やむを得ない事情により領収書を提出できない場合であっても、定額を支給するということではなく、合理的な実費を支給することが必要となりますので、その都度各省会計課を通じて財務省主計局給与共済課までご相談ください。

3．移転料精算金額確認書
1・2の資料に基づき内訳の内容をチェックし、最安価な業者へ依頼した場合の額を上限として支給するために、旅行者自身が作成を行う。

5

各官署の支出官等による提出書類の確認事項

○ 旅行者に対し、①見積書等・②領収書・③移転料精算金額確認書の3点の提出を確実に行わせてください。

○ 旅行者から提出のあった①～③の書類の記載内容について整合性を確認。

○ やむを得ず①～③の書類のいずれかが欠けてしまった場合は、定額が支給されるのではなく、合理的な実費を支給することにご留意ください。

注 ─

①・②のいずれかまたは両方の提出がない場合は、本人から理由書等の提出を受けた上で、支出官等においては合理的な算定方法に基づき、適切な支給額を推計等により算定。

合理的な算定方法に基づき推計された金額については、職員に対して説明を行い、客観的事実に基づく反証の機会を与え、反証が職員から示されれば、その事実に基づき調整を行った上で最終的な移転料を決定する必要があります。

例外的なケースについては個別事情を判断し、政府全体で公平・公正な対応を要するため、財務省主計局給与共済課までご相談ください。

○ 特に、支給対象経費については「最も安価な業者の最も安価なプラン」によるものであるか十分に確認。

6

対象外経費一覧

「対象外経費」	
①	他の旅費の種類で支弁すべき経費
	・旅行者本人及び扶養親族の交通費（電車・航空機・バス等） ・着後に要する経費（挨拶代・宿泊代等）
②	民間企業においても支給を制限している経費
	・ピアノ、美術品・骨董品、ベッド、庭石・植木のように、個人的趣味で大型なものや個人的な嗜好の強いものを運搬等する際の追加費用 ・自家用車・オートバイ等を運搬等する際の追加費用 ・荷造・荷解にかかる追加費用（いわゆるお任せパック等を利用したことによる追加費用であり、追加の作業員に係る補助車両費を含む） ・工事・設置等に係る追加費用（但し、エアコン・ガス器具の着脱費用（エアコンガス補充費用等を除く）については、支給の対象とする）
③	家具、家電等の生活用品等を購入した経費等の実費支給に馴染まない経費
	・家具・家電等の購入費及びレンタル料 ・宿舎等修繕費（ハウスクリーニング等の原状回復費用を含む） ・家電リサイクル費用 ・不用品・不要品・粗大ごみの回収費用 ・荷物を一時保管する場合の追加費用 ・敷金・礼金・仲介手数料等（民間賃貸住宅等へ入居する際の初期費用） ・民間賃貸物件の下見にかかる費用 ・友人等の手伝い者の謝礼及び食事代 ・扶養親族の転園・転学等に要する費用 ・官公庁への諸手続きに要する費用

7

対象外経費の確認について①

【公益社団法人全日本トラック協会作成「標準見積書様式」】

お荷物チェックリスト・諸資材明細

※状況・お荷物の数量の変更、又はチェックもれがありましたら、必ずご連絡ください。

No.	家財品名	数量
1	ソファー(3人掛け)	
2	ソファー(2人掛け)	
3	ソファー(シングル)	
4	応接(センター)テーブル	
5	コーナーテーブル	
6	サイドテーブル	
7	サイドボード 大	
8	サイドボード中(w120cm)	
9	サイドボード 中小	
10	リビングボード 大	
11	リビングボード中(w150cm)	
12	ローチェスト 中	
13	ローチェスト 小	
14	仏壇 大(H130cm 超)	
15	仏壇 中(H75～H130cm)	
16	仏壇 小(H75cm 未満)	
17	電話機	
18	ファックス	
19	電話(ファックス)台	
20	テレビ 大(30インチ超)	
21	テレビ(20～29インチ)	
22	テレビ小(20インチ未満)	
23	テレビ台 大(w150cm超)	
24	テレビ台 中(w120cm)	
25	テレビ台 小(w90cm未満)	
26	薄型テレビ(46インチ超)	
27	薄型テレビ(32インチ)	
28	薄型テレビ(26インチ)	
29	薄型テレビ(20インチ)	
30	薄型テレビ台 大	
31	薄型テレビ台 中	
32	薄型テレビ台 中小	

No.	家財品名	数量
33	薄型テレビ台 小(w90cm未満)	
34	DVDデッキ	
35	AVラック	
36	照明器具 大(シャンデリア)	
37	照明器具 中	
38	照明器具 小	
39	ウィンドエアコン	
40	セパレートエアコン	
41	セパレートエアコン(室内機)	
42	セパレートエアコン(室外機)	
43	パネルヒーター	
44	ストーブ	
45	扇風機	
46	空気清浄機	
47	額縁 大	
48	額縁 小	
49	カーペット8畳	
50	カーペット6畳	
51	ロッキングチェアー	
52	フロアスタンド	
53	水槽	
54	食器棚 大(w150cm)	
55	食器棚 中(w120cm)	
56	食器棚 小(w90cm)	
57	ワインセラー	
58	冷蔵庫 特大(525L)	
59	冷蔵庫 大(365L)	
60	冷蔵庫 中(235L)	
61	冷蔵庫 小(135L)	
62	食器洗い機	
63	食器乾燥機	

No.	家財品名	数量
64	レンジ オーブン	
65	レンジ台	
66	ガスコンロ	
67	ライスボックス	
68	食卓テーブル(4人用)	
69	食卓テーブル(2人用)	
70	食卓椅子(一脚)	
71	ワゴン	
72	スキ間収納家具	
73		
74	カラーBOX(3段)	
75	カラーBOX(5段)	
76	メタルラック	
77	人形ケース 大	
78	人形ケース 小	
79	雛人形セット(7段飾り)	
80	五月人形セット	
81	本棚 大	
82	本棚 中(w80cm)	
83	本棚 小	
84	ステレオ 大	
85	ステレオ 小(ミニコンポ)	
86	机と椅子	
87	ライティングデスク	
88	電子ピアノ椅子付	
89	マッサージチェア	
90		
91	パソコン(デスクトップ本体)	
92	パソコン(ノート)	
93	パソコン(付属品)	
94	パソコンラック	

No.	家財品名	数量
95	プリンター	
96	押入タンス	
97	和タンス(w120cm)	
98	和タンス(w90cm)	
99	整理タンス(w120cm)	
100	整理タンス(w90cm)	
101	座卓(みかん箱3枚以上)	
102	茶箪笥	
103	座椅子(5脚)	
104	ダンス	
105	座椅子	
106	鏡台	
107	ポータブルミシン	
108	金庫(小 50kg)	
109	金庫 大	
110	エアコンプレッサー	
111	電気掃除機	
112	洋タンス4ドア	
113	洋タンス3ドア	
114	洋タンス2ドア	
115	三面鏡	
116	ロッカータンス	
117	ファンシーケース	
118	パイプハンガー	
119	トランク(スーツケース)	
120	ふとん袋(2組入り)	
121	ふとん袋(1組入り)	
122	ダブルベッド	
123	セミダブルベッド	
124	シングルベッド	

No.	家財品名	数量
125	ベビーベッド	
126	ソファーベッド	
127	ドレッサー椅子付	
128	姿見(一面鏡)	
129	タイヤ(1本)	
130	スキー	
131	サーフボード	
132	スノーボード	
133	婚礼家具(w90cm)	
134	プランター 大	
135	プランター 小	
136	ハンガーボックス(w120cm)	
137	物干しセット	
138	物置(大)半間	
139	物置(大)1間	
140	ベランダ収納ボックス	
141	バイク(50cc)	
142	バイク(50cc超)	
143	自転車 大	
144	自転車 小	
145	鏡 単	
146	ベビーカー	
147	シルバーカート	
148	傘	
149	衛星アンテナ	

No.	家財品名	数量
154	温水洗浄便座	
155	洗濯機	
156	乾燥機	
157	乾燥機ラック	
158	ランドリーケース	
159	ダンボール箱 大(w70cm)	
160	ダンボール箱 中(w45cm)	
161	ダンボール箱 小(w45cm)	
162	キッチンボックス(w92cm)	
163	キッチンボックス(w23cm)	
164	キッチンボックス(w14cm)	
165	引出しボックス	
166	ハンガーボックス(w92cm)	
167	ハンガーボックス(w120cm)	
168	鏡 コン	
169	その他(容量)	

No.	その他家財品名	数量
170	押入1間	
171	押入半間(w0.9m程度)	
172	押入天袋1間	
173	押入天袋半間(w0.9m程度)	
174	台所 上置	
175	床 戸棚	
176	流し台下 収納棚	
177	床下 収納庫	
178	アップライトピアノ	

総容量(概算) 約　　　　　　m³

お買上げ品

荷造用資材	数量	単価	金額(円)	荷造用資材	数量	単価	金額(円)
ダンボール(小)				ベッドマットカバー			
ダンボール(中)				ハニーペーパー			
ダンボール(大)				クレープ紙			
和服ケース				ハンガーBOX 大			
クラフトテープ				ハンガーBOX 小			
ガムテープ							
ふとん袋							
巻ダンボール							
エアーキャップ							
エアーダンボール							
ライトロン			計(イ)				

レンタル品

荷造用資材	数量	単価	金額(円)	荷造用資材	数量	単価	金額(円)
ハンガーBOX 大							
ハンガーBOX 小							
引出し L BOX							
キッチンBOX 大							
キッチンBOX 中							
キッチンBOX 小							
OA 照明BOX							
タンスマット							
ガラスマット							
折コン			計(ロ)				

合計金額 (a) = (イ) + (ロ)　　　　　　円

特記事項等

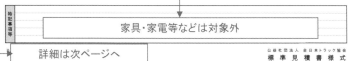

家具・家電等などは対象外

詳細は次ページへ

※W=横幅 H=高さ

対象外経費の確認について②

【公益社団法人全日本トラック協会作成「標準見積書様式」抜粋】

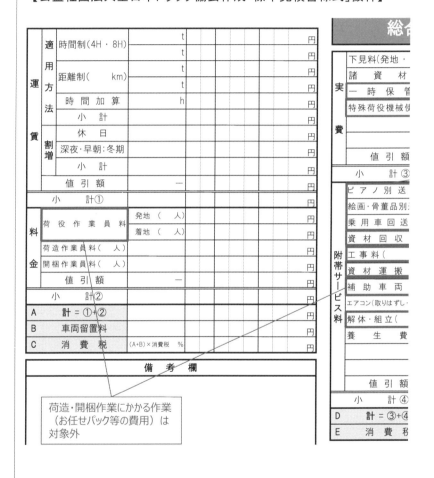

				t					円
運賃	適用方法	時間制(4H・8H)		t					円
		距離制(km)		t					円
				t					円
		時 間 加 算		h					円
		小　計							円
	割増	休　日							円
		深夜・早朝・冬期							円
		小　計							円
		値 引 額	─						円
	小　　　計①								円
料金	荷役作業員料	発地（　人）							円
		着地（　人）							円
	荷造作業員料（　人）								円
	開梱作業員料（　人）								円
	値 引 額	─							円
	小　　　計②								円
A	計 = ①+②								円
B	車両留置料								円
C	消　費　税	(A+B)×消費税　%							円

備　考　欄
荷造・開梱作業にかかる作業 （お任せパック等の費用）は 対象外

（右側・総合見積表：一部見切れ）

総合

実費	下見料(発地・	
	諸　資　材	
	一 時 保 管	
	特殊荷役機械使	
	値 引 額	
	小　　計③	
附帯サービス料	ピアノ別送	
	絵画・骨董品別送	
	乗 用 車 回 送	
	資 材 回 収	
	工 事 料(	
	資 材 運 搬	
	補 助 車 両	
	エアコン(取りはずし・	
	解体・組立(	
	養　生　費	
	値 引 額	
	小　　計④	
D	計 = ③+④	
E	消　費　税	

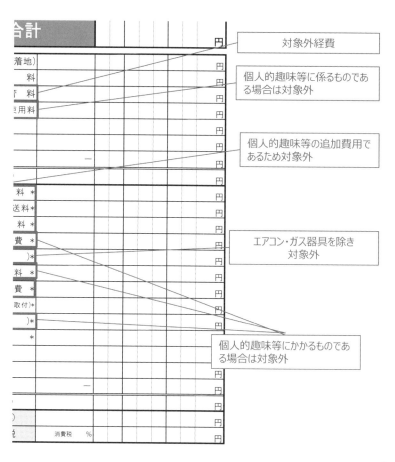

合計　　　　　　　　　　　　　円　　　　対象外経費

(着地)　　　　　　　　　　　　円　　　　個人的趣味等に係るものである
料　　　　　　　　　　　　　　円　　　　る場合は対象外
下　料
用料　　　　　　　　　　　　　円

　　　　　　　　　　　　　　　円
　　　　　　　　　　　　　　　円　　　　個人的趣味等の追加費用で
　　　　　ー　　　　　　　　　円　　　　あるため対象外
　　　　　　　　　　　　　　　円

料　*
送料 *
料　*
費　*　　　　　　　　　　　　円　　　　エアコン・ガス器具を除き
)*　　　　　　　　　　　　　円　　　　　　　対象外
料　*
費　*　　　　　　　　　　　　円
取付)*　　　　　　　　　　　円
)*
*

個人的趣味等にかかるものであ
る場合は対象外

　　　　　ー　　　　　　　　　円
　　　　　　　　　　　　　　　円
)
　　　消費税　%　　　　　　　円

9

宅配便・自家用車等で引越しする場合の留意点

宅配便で引越しを行う場合の考え方

・少数の段ボールを宅配便で送るなど、明らかに引越業者へ委託するよりも安価になる場合には、引越業者との比較は不要です。
　☞　領収書は実費を支給する際に必要ですので、旅行者から確実にご提出いただくようお取り計らいください。
・一方で、荷物量が多く、送料が高額になる場合には、引越業者の相場と比較して安価であることを示すことが必要です。

自家用車等で引越しを行う場合の考え方

・自家用車等による引越しは、ガソリン代、高速道路利用料等が実費で支給されます。
・明らかに引越業者へ委託するよりも安価になる場合には、引越業者との比較は不要です。
・ただし、社会通念上不適当な請求に対しては、全額支給できない場合がありますのでご留意ください。
　（例１）レンタカーを借りる場合、引越しに適さない車種を高額で借りた場合
　（例２）レンタカーを使って、私事旅行を行った場合（必要以上に長くレンタルした場合）
　（例３）自家用車を利用する場合、引越し以外の日常生活でガソリンを消費した状態で満タンまで給油し、全額の請求を行った場合
　（例４）明らかに経済的な経路ではない高速道路利用料が含まれている場合
　（例５）通常引越しに必要としない不用なレンタカーのオプションサービスを含んで請求があった場合
　（例６）荷物の運搬に複数回の往復が必要な場合であって、引越し業者の相場よりも高額となる場合
　☞　かかった経費について、請求を行う際は領収書が必ず必要となりますので、旅行者は確実に保管の上、ご提出いただくようお願いいたします。

10

引越業者の検索方法について

1. メタサーチサイトの利用

○ 引越しメタサーチサイトとは、希望日や荷物量等を一度入力するだけで多くの業者から概算の見積りが取れる「引越業者紹介サイト」です。登録をすると、提携業者から概算の見積りが提示され、その後直接業者とやり取りをして実地等の見積りを行います。

［引越し メタサーチサイト］　［検索］　click

2. 共済組合等の割引サービスの利用

○ 各共済組合の厚生事業等において、引越業者のらくらくお見積りサービスや組合員価格での引越しが行える場合があります。詳細は所属の共済担当者等にお尋ねください。

3. 引越安心マーク制度（引越事業者優良認定制度）の認定業者の利用

○ 公益社団法人全日本トラック協会ＨＰにおいて、安全・安心な引越サービスを提供すると全日本トラック協会が認めた引越事業者を、引越優良事業者として認定し、該当事業者には優良事業者の証として「引越安心マーク」が交付した業者のリストを紹介しています。
http://www.jta.or.jp/yuso/hikkoshi_anshin/hikkoshi_anshin_mark_pref_2019.html

4. 個人事業主等の利用

○ 個人事業主で構成される組合などに依頼した場合、対応可能な個人事業主を紹介してもらえるサービスもあります。

11

資料5

42

引越事業者選びで悩んだら、
このマーク

人生のうちに何度もない引越だから、いい事業者と出会い、安心で納得のいく、いい引越をしてほしい。そんな思いから全日本トラック協会では平成 26 年度より「引越事業者優良認定制度」を開始いたしました。この制度は、引越前の下見や見積り、確かな作業などに関する "引越のルール" を守る事業者を、全日本トラック協会が引越優良事業者として認定するもので、優良事業者には「引越安心マーク」を交付します。

 引越のルール 1 しっかり下見
事前にお客様のお宅へお伺いし、荷物の量などから作業の段取りを提案します。

 引越のルール 2 きちんと見積り
下見に基づいた運賃・料金を提示します。契約の重要事項(約款)を説明します。

 引越のルール 3 確かな作業
建物や家具など適切な保護を行い、安全に運びます。

引越のルール 4 お客様窓口を設置
万が一、トラブルがあった際ご相談を頂ける窓口を本社(本部)に設けています。

 「引越安心マーク」は、(公社)全日本トラック協会が認定する引越優良事業者のマークです。下見・見積り・確かな作業など、"引越のルール" を守る事業者であることのしるしです。

詳しくは… 引越安心マーク 🔍

資料6

かしこい引越
～上手な引越のために知っておきたいこと～

◎ 引越の準備はお早めに！ ◎

引越は、毎年3月中旬から4月初旬がピーク期間となります。ピーク期間に限らず、できれば土・日曜日や祝祭日を避けて、平日を選ぶことが"かしこい引越"のポイントといえます。

◎ しっかり見積りを取りましょう！ ◎

・・・・・・・・・・・・・▶ 詳しくは中面を！

◎ 荷造りのポイント ◎

● **衣類やバックは大きなダンボールに！**
衣類は大きなダンボールに入れます。詰め込まずに余裕を持って入れるのがしわを防ぐコツです。バッグも中に詰め物をし、かさならないように入れます。中で動いてしまわないように隙間をペーパーで埋めておきます。

● **本などの重たい物は小さなダンボールに！**
CDなども小さなダンボールに。割れを防ぐために立てて入れましょう。

● **パソコンなどの電子機器**
取扱いについて、事前に運送事業者に相談しましょう。データが消失しても、原則補償の対象外となりますので、データのバックアップをお願いいたします。

● **食器の詰め方**
1つずつペーパーなどで包みます。平積みは下に重さがかかり割れる原因になります。お皿やコップは立てて入れましょう。箱の中で動かないように隙間をペーパーなどで埋めておきましょう。

● **調味料などの瓶の詰め方**
ビンをペーパーで包み、立てて入れます。口の開いている物はビニールへ入れ、箱の中で動かないように隙間を埋めておきましょう。

◎ 電気製品などについて ◎

● **冷蔵庫**
冷蔵庫の中身、製氷器の氷等の処分や漏水を防ぐため、前日にプラグを抜いて霜取りを行ってください。蒸発皿の水も忘れずに捨ててください。

● **洗濯機**
一度スイッチを入れて排水状態にしてから水を抜き、排水ホースの中に水が残っていないか確認してください。

● **ドラム式洗濯機**
中のドラムが動かないように、専用ピンで固定する必要があります。専用ピンは購入時に取扱説明書などに付属しているので用意しておいてください。見つからない場合は早めにメーカーに問い合わせておいてください。

● **石油ストーブ**
タンク内の灯油を抜いて風通しのよいところで空焚し、電池を抜いておいてください。

● **エアコン**
エアコンは当日の状態によって追加料金をいただく場合があります。設置場所によってホースの長さが足りない、ホースの痛みやガス抜けなどにより追加料金が発生する場合がありますのでご注意ください。

◎ 捨てる物は思い切って捨てましょう ◎

引越はいらないものを処分するのによい機会です。普段使用しないものから徐々に始めましょう。

● **ゴミの処分は自治体などにご相談を！**
ゴミは出される方が責任を持つのがルールです。基本的に引越事業者は処分品などを引き取ることはできません。

お問い合わせ下さい	・ゴミの処分 ……………………………… 市区町村
	・家電リサイクル品 …………… 販売店など
	（エアコン・TV・冷蔵（凍）庫・洗濯機）
	・パソコン ………………………………… メーカー

◎ 引越当日の注意 ◎

● **お客様が携帯できる貴重品は、お客様ご自身で管理をお願いします。**
現金、有価証券、貴金属、預金通帳、キャッシュカード、印鑑など
※持ち運べない貴重品や高級家具などは運送事業者へ申告が必要です。

● **以下の場合は、運送事業者と一緒に残っている荷物がないかどうか、確認をお願いいたします。**
・部屋からすべての荷物を運び出したとき
・新居に到着しトラックから荷物がすべて運び出されたとき

見積りのときの注意ポイント

引越は「緑ナンバーの営業用トラック」で！

引越は、国土交通大臣の許可を受けたトラック運送事業者が行います。見積書には国土交通省の事業許可番号を記載しています。

電話やインターネットの見積りだけで運送事業者を決めるのは避けましょう。

引越の料金は、荷物量や部屋の数だけで単純に決まるものではありません。
作業内容やサービス内容により料金が決まるので、見積り時（下見時）に運送事業者と顔を合わせ、念入りに打合せすることが必要です。
電話やインターネットだけの見積りは、打合せ不足による勘違いや行き違いが起こりやすいので避けることが賢明です。

新居の間取りや玄関・廊下などの寸法を確認して、家具や大型家電が搬入できるかどうかを運送事業者と相談しましょう。
当日に運送事業者へ運ぶ荷物の追加を依頼すると、追加料金が発生します。他にも、見積書の内容に変更が生じた場合は早めに運送事業者へ連絡しましょう。

見積りをしっかり比較し、納得のいく引越を心がけましょう。

引越に要する費用は、運送事業者が提供するサービスによって変わります。いくつかの運送事業者の見積書を比較し、サービス内容をしっかり確認しましょう。
※ダンボールは引越を依頼する運送事業者を決めてから受け取るようにしましょう。（なお、依頼する前にダンボールを受取り、他社に変えた場合、返送料の負担などでトラブルになることがありますのでご注意下さい。）

見積り時に内金、手付金は請求しません。

見積料は無料です。また、内金、手付金は請求しないことになっています。

見積書には「引越」についてお客様との約束が記載されています。

見積書には「引越」に関し、運送事業者の作業内容、お客様が行うべきことなど、引越に必要な事項を明記しています。
疑問があれば見積り担当者に質問し、打ち合わせた内容は必ず見積書に記載してもらいましょう。

「標準引越運送約款」をよく読みましょう。

運送事業者は、国土交通省が定めた「標準引越運送約款」に基づくルールにより引越を行います。
この約款は、見積り時にお客様に提示することになっていますので、必ずお読み下さい。
「標準引越運送約款」の全文は全日本トラック協会のホームページにも掲載しています。
　http://www.jta.or.jp/　「一般の皆様へ」→「引越し・宅配」
○全日本トラック協会では「輸送サービス相談窓口」を設けております。
　（電話：03-5925-8981 受付：9：30-12：00、13：00-17：00（土・日祝日除く））
　「約款のここがよくわからない」「引越前に相談したい」という場合もこちらへご相談下さい。
※運送事業者の斡旋及び引越料金の相談は行っておりません。
※標準引越運送約款は、トラックを使用して行う引越に適用されます。
　ただし、事務所の移転やロールボックスパレット等の容器単位での価格設定となっている単身者向け引越サービス等については、この約款によらない旨を引越事業者が予め告知した場合には適用されません。

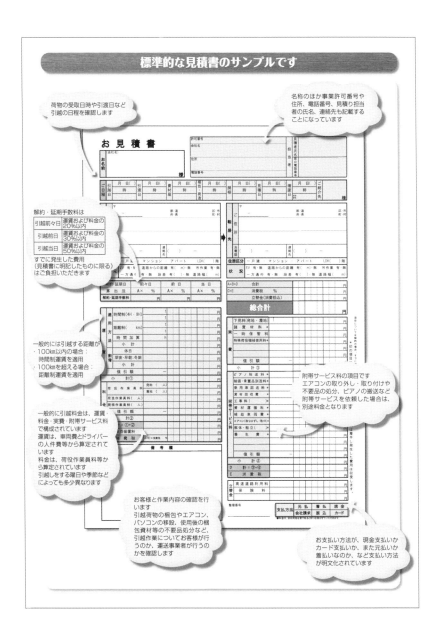

手続きガイド

【市区町村】への届出

	いつ	誰が	必要なもの
転出	引越日まで	本人、世帯主または代理人	本人確認のできる書類、印鑑など
転入(転居)、国民年金	転入、転居した日から14日以内	本人、世帯主または代理人	「転出証明書」、本人確認のできる書類、印鑑、国民年金手帳など
国民健康保険	転入、転居した日から14日以内	本人、世帯主または代理人	家族全員分の保険証、印鑑など
印鑑登録		本人または代理人	登録をする印鑑、本人確認のできる書類など

【車】に関する届出

	いつ	どこへ	必要なもの
運転免許証		新住所を管轄する警察署または運転免許センター	運転免許証、新住所の確認できる書類、印鑑
車庫証明	転入、転居した日から15日以内	車の保管場所を管轄する警察署	警察署で申請書類を入手する。所在図・配置図・承諾証明書(自認書)など。
自動車、バイク	転入、転居した日から15日以内	新住所を管轄する運輸支局または自動車検査登録事務所	車検証、使用者の住所を証する書面、印鑑、自動車保管場所証明書(発行後概ね1ヶ月以内のもの)等 ※リース等をしている場合(所有者と使用者が異なる場合)は、リース会社等へご確認下さい。 手続きの詳細については、国土交通省ホームページ内「自動車登録等の適正化について」(http://www.mlit.go.jp/jidosha/tekiseika/tekiseika.html)を参照
軽自動車	転入、転居した日から15日以内	新住所を管轄する軽自動車検査協会の事務所または支所	車検証、使用者の住所を証する書面、印鑑、ナンバープレート(同じ管轄であれば変更する必要はない)、軽自動車税申告書手続きの詳細については、軽自動車検査協会ホームページ内「各種申請手続き」(https://www.keikenkyo.jp/procedures/procedures_n_000003.html)を参照

【その他】必要な届出

	いつ	どこへ	必要なもの
電気、ガス、水道	転居前：早めに!(〜1週間前)	転居前：検針票に記載されている電話番号へ。	検針票(使用料のお知らせ など)に記載された「お客様番号」
電話、インターネット	転居前：早めに!(〜1週間前)	契約している電話会社、プロバイダー	請求書(領収書)など。(電話番号やお客様番号(ID) などが必要)
銀行		預けている銀行の最寄りの窓口	通帳、届出印
郵便物の転送	引越1週間前	最寄りの郵便局またはインターネット【e転居】(https://welcometown.post.japanpost.jp/etn/)	郵便局の窓口で手続きの場合は印鑑が必要。(転居届の提出はポストへの投函も可能)
NHK		フリーダイヤル「0120 -151515」に連絡する。IP電話、フリーダイヤルが利用できない場合は050 - 3786 - 5003 インターネットでの手続きは(http://pid.nhk.or.jp/jushinryo)へ。	

◎ 引越後は必ず荷物のチェックを!◎

引越が終わったあとで、荷物の一部が壊れていたり、大きなキズを発見した場合には、すぐに運送事業者にご連絡ください。

運送事業者の責任は、荷物を引き渡した日から3ヶ月以内となっています。発見が遅れると、事故原因や因果関係が不明瞭となるため、引越が終了したら、できる限り早めに荷物の確認をお願いします。

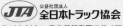
公益社団法人
JTA 全日本トラック協会

〒160-0004　東京都新宿区四谷 3丁目2番地5
全日本トラック総合会館　TEL. 03(3354)1009(代)
ホームページ　http：//www.jta.or.jp

「引越安心マーク」は、下見・見積り・確かな作業など、"引越のルール"を守る事業者であることのしるしです。

くわしくは、引越安心マーク で検索

第**3**章

質疑応答集

　本章は、今般の移転料の支給方法の見直しに際して各庁の担当者から寄せられた個々の照会事例と回答を基に、分野毎に質疑応答の形式で整理したものです。これは、個別事例に即した取扱いを紹介して、実務の便に供することを目的としています。

　言うまでもなく、個別の事例は、移転料の実費支給が実施されていく中で積み上げられていくものであり、今後の移転をめぐる状況の変化等に応じて運用の見直しや改善が図られていくべきものです。

1　総論

1　移転料の請求に必要な書類について

> **問**　移転料の請求に必要な書類について知りたい。

答　「移転料支給事務手引書」5頁（本書34頁参照）をご参照ください

2　必要書類が揃わない場合

> **問**　見積書や領収書等の必要書類を紛失した場合など必要書類が揃わない場合の移転料の取扱いについて知りたい。

答　「移転料支給事務手引書」6頁（本書35頁参照）をご参照ください。

3　実費支給を希望しない場合

> **問**　移転料の実費支給を希望しない場合は、定額支給を行えるのか。

答　今般の支給方法の見直しは、定額を超えて相当の自己負担をしてい

る職員がいる一方、実費が定額の支給額を下回る職員が多数存在するという不公平を是正するもので、職員が定額支給を選択することはできません。全ての移転について、実際に移転に要した金額を確認した上で、その妥当性を検証し、旅費を適正に支給するため、3社以上の見積書や領収書の提出が必要です。各庁におかれては包括協議の趣旨に則り、証拠書類の確保等に努めていただくことが必要です。なお、書類の確認ができない場合であっても、定額支給とすることなく、証憑により実費を把握した上で適切に運用することが必要です。

4　支給の上限について

> **問**　今回の支給方法の見直しによって、財務大臣へ別途個別協議を行えば、引越代がいくらであっても支給可能という理解でよいか。

> **答**　移転料を含む旅費が公務のために旅行する際の実費弁償であり、公費によって賄われることを踏まえれば、冗費を抑制し、最大限の経費節減努力を行うことは当然です。このため、今回の移転料の支給方法の見直しでは、原則として全ての移転について3社以上の見積りを求めるなど、個別協議の要否に関わらず、経費抑制のための努力を行うこととしており、社会通念上相当とは言えない経費については支給対象としないことを明確にしています。
>
> なお、旅費法上、旅行命令権者は、予算上旅費の支出が可能である場合に限り、旅行命令等を発することができるとされており、予算制約の下にあることは言うまでもありません。

5　各庁の長による減額調整

> **問**　旅費法第46条第1項に基づく減額調整の権限は各庁の長にのみ与え

られており、一旅行命令権者や支出官では減額できないため、旅行命令権者や支出官が減額できるようにするためには各庁の長が内部規程（訓令、通達、事務連絡等）において定めなければならないのか。

答 今般の包括協議においては、実費が定額を下回った場合の各庁の長による減額調整についても明記しており、その趣旨に沿って、各庁の中で適切にご対応いただく必要があります。

6　発令日以前の移転

問 異動発令日以前に本人が移転した場合の取扱いはどうすべきか。

答 異動発令日前に行った移転が、「赴任に伴う」ものであると旅行命令権者が判断できるのであれば支給して差し支えありません。

7　住居の移転を行わない場合の移転料

問 住居の移転を行わない場合、移転料は支給されないか。

答 移転料とは、赴任に伴う住所又は居所の移転について支給されるものであり、住居の移転を行わない場合は、住所又は居所の移転の経費は生じないため、移転料は支給されません。

8　自己都合で引越しをした場合の移転料の支給可否について

問 異動発令当時は引越しの意思はなかったが、通勤に時間がかかるため、1年後に庁舎の近くへ引越しを行った。この場合の引越代は移転料として支給可能か。

答　赴任に伴う移転とは考えられないため、移転料を支給することはできません。なお、移転料の運用としては、原則として、旅行命令権者は旅行命令時に移転の意思を確認し、その意思がない場合は以後に請求があっても支給しないものとして処理されており、赴任時とは別に引越しを行う場合には、適正な旅費支給の観点からあらかじめ旅行命令権者にその意思を伝える必要があります。

2　引越業者による移転

（1）3社以上見積り
9　3社以上見積りの必要性

> **問**　3社以上の見積りを要するのはなぜか、また、3社から見積書を徴することができなかった際の取扱いについてはどうか。見積辞退の場合や電話での簡易な見積りは3社見積りに含めてよいか。

答　今般の支給方法の見直しにおいては、経費の節減努力が重要であるため、3社以上の見積りが必要であり、原則、3社以上の見積書の徴取をお願いします。

「移転料支給事務手引書」11頁（本書40頁参照）でご紹介している検索方法等を参考に幅広く検索してもなお、3社の見積書の徴取が困難な場合には、経費節減に向けて相当な努力をしたことがわかる資料（経費節減のためメタサーチサイトを利用したことがわかる検索結果画面の画面コピー等の証憑、個別業者とのメールのやり取りなど）を提出していただく必要があります。

なお、標準引越運送約款等において、「見積りを行ったときは、次の事項を記載した見積書を申込者に発行します。」とされており、「次の事項」として「運賃等の合計額、内訳及び支払方法」が規定されています。その

ため、依頼者の提示した条件で、内訳を含めた見積書の発行を求めること
が原則です。

10　3社見積りの旅行命令権者による確認

> **問**　同一条件で見積依頼をしたか（見積内容や引越希望日、新旧住所が
> 同一かなど）について、旅行命令権者による確認は必要か。

答　同一条件で3社以上の見積りを取得することにより経費節減が可能
となりますので、その趣旨に即したご対応をいただくようお願いします。
ただし、繁忙期等で同一の引越日による3社の見積書を取得できなかった
などやむを得ない場合は、異なる引越日の見積書での比較を行っても差し
支えありません。

11　見積り総額からの値引きの額

> **問**　移転料の対象外経費を含んだ見積り総額から値引きが行われた場合
> の取扱いについて知りたい。

答　総額等から内訳なく割引額が記載されている場合は、移転料の対象
経費と対象外経費で割引額を按分し、計算してください。

12　一括見積りか個別3社見積りか

> **問**　一括見積りにより、情報漏洩のリスクが高まることから、1社から
> 見積りを取りたいという申し出があった場合の取扱いについて知りたい。

答　必ずしも一括見積りを利用する必要はありません。お尋ねのような

場合においては、一括見積りを利用せず、個別に3社から適切に見積りを取得してください。

13　見積日の有効日

問　3社以上の見積りが必要とされているが、見積日はいつ以降が有効として認められるのか。

答　見積日について、特段の定めはありません。社会通念上相当と考えられる範囲で対応してください。

14　見積りが有効期限外になった場合

問　3社による見積合わせをした上で最安価の業者に依頼したところ、既に予約の受付を終了した等の理由で断られた場合、取得している見積書の中から、順次、安価な業者に依頼していいのか。その場合、安価な業者から断られたという疎明資料を後日、提出する必要があるのか。

また、多忙や引越業者との連絡がすぐに取れなかったなどの理由から3社全ての見積りを同日に徴求できず、3社分の見積りが出揃うまでに数日かかった場合、見積額が変わってくる場合が考えられるが、改めて見積りを取る必要があるか。

答　原則としては、見積書の有効期限内に3社以上からの見積書を取得し、最も安価な業者の最も安価なプランにより依頼することとなります。

また、繁忙期に引越しを行う場合は、引越しの必要性が判明次第、早期に見積書の取得を依頼することが重要です。国土交通省のホームページにも「混雑時期をできるだけ避けて、早めのご依頼をお願い致します。」と記載されています。

その上で、やむを得ない特別の事情により、同一日による見積り取得ができず最も安価な業者の見積書の有効期限が過ぎてしまった場合については、次に安価な引越業者（実際に利用した業者）の実費を支給しても差し支えありません。ただし、意図的に見積書の有効期限が過ぎてから依頼を行うなど、やむを得ない特別の事情が存在したと認められない場合には、最も安価な業者の最も安価なプランの額が上限となります。

15　異動内示から移転までが短期間の場合

問　異動内示から移転までが短期間で、３社から見積書を徴することが困難だったり、高額な業者に発注せざるを得ない等の事態が発生することが懸念されるが、メタサーチサイトや電話による簡易な条件での見積りや口頭での見積りも可能とならないか。

答　内閣人事局から各府省等に対して、「いわゆる「赴任期間」を活用すること、できるだけ早期の内示をすること等、引越時期の分散に向けた取組を進めていただくようお願いします。」と協力依頼がなされています。

　また、標準引越運送約款等において、「見積りを行ったときは、次の事項を記載した見積書を申込者に発行します。」とされており、「次の事項」として「運賃等の合計額、内訳及び支払方法」が規定されています。そのため、内訳を含めた見積書の発行を求めることが原則となります。全日本トラック協会が公表している「標準見積書様式」をはじめとした内訳の記載のある見積書を発行することは、従来から行われているものと承知しています。

　こうした中で、今般の支給方法の見直しにおいては、経費の節減努力が重要であるため、原則、３社以上の見積書の徴取をお願いしています。

　「移転料支給事務手引書」11頁（本書40頁）でご紹介している検索方法等を参考に幅広く検索してもなお、３社の見積書の徴取が困難な場合には、

経費節減にむけて社会通念上相当な努力をしたことがわかる資料（検索結果画面の画面コピー等の経費節減のためメタサーチサイトを利用したことがわかる証憑、個別業者とのメールのやり取りなど）を提出してもらった上で、実費を支給することも可能です。

（2）引越業者関連

16　引越業者が指定された場合

> **問**　引越先のマンション等から引越業者を指定されたことにより、3社から見積りを徴することができなかった場合の取扱いについて知りたい。

答　民間マンションにおいて引越業者を指定されている場合であっても、当該民間マンションは職員が自由意思で選択したものであり、他の職員と同様の経費節減努力を行った上で公平に移転料の支給を行う必要があることから、3社見積り等の結果、最も安価な金額を上限に支給することになります。3社以上の見積書を取得できなかった場合の取扱いについては、「移転料支給事務手引書」6頁（本書35頁）をご参照ください。

17　共済組合提携業者の見積り

> **問**　共済組合で契約している福利厚生サービスや国家公務員等共済組合連合会の引越業者で相見積りを行った場合、これらも3社見積りの業者にカウントしてもよいか。

答　ご認識のとおりです。厚生事業の中には組合員価格で価格を提示してもらえるものもありますので、積極的にご活用ください。

18　同一業者で別営業所の見積り

問　３社以上の見積りは、それぞれ別の会社から徴取しなければならないか。例えば、同じ会社の異なる営業所同士の見積りで比較することは認められるのか。また、引越業者・運送業者以外の法人又は個人からの見積り及び契約（謝礼ではない）は認められるのか。

答　同じ会社の異なる営業所同士の見積りについては、ほぼ同一の見積り内容になると考えられ、経費節減につながらないと考えられるため認められません。

引越業者・運送業者以外の法人等による引越しも認められますが、対象外経費等が判別できるよう、内訳を含めた見積書の取得をお願いいたします。

19　運送業者による場合

問　引越業者でなく運送業者で引越しを行った場合等、移転料は実費として支給されるのか、また、見積りは３社必要なのか。

答　運送業者を利用した場合であっても実費が支給されます。

運送業者に依頼する場合であっても、引越業者を含めて３社以上の見積りを取得することが原則です。なお、価格設定が定型化されている宅配便を利用する場合で、引越業者より安価であることが明らかであるような場合には、あえて相見積りを取る必要はありません。

20　コンテナボックスごとで単価が決まっている場合について

問　単身パックのようにコンテナボックスごとで単価が定められており、

見積書を徴することができないときの取扱いについて知りたい。

答　コンテナボックスのように定額をもって引越しを行うものについて
は、ホームページ等で公表されている金額・領収書の金額が一致していれ
ば詳細の見積書の提出までは不要ですが、3社見積りを行っていただかな
くてはならない点にご留意ください。

21　見積り依頼、発注により発生したポイントの取扱い

問　メタサーチサイト経由での見積り依頼や発注により、ポイントなど
の特典が付与される場合は、業者に支払った額から控除しなければならな
いか。

答　経済的利益が発生するのであれば、各庁の長において適切に減額し
て支給すべきです。

22　複数回の移転（1）

問　年度内に2回以上の異動発令があり、その発令の度に移転を行った
場合の取扱いについて知りたい。

答　赴任に伴う住所又は居所の移転であれば、移転料は支給されます。

23　複数回の移転（2）

問　複数回に分けて引越しを行う場合、その都度見積書が必要か。又は
包括的な金額で比較するのか。

答）複数回引越業者に依頼を行う場合は、その都度見積書が必要です。なお、旅費法は、最も経済的な通常の経路及び方法により旅行した場合の旅費により計算することを原則としており、当該移転の方法によることがやむを得ないものか、旅行命令権者において適切に判断の上支給してください。

（3）見積書の内訳関連
24　内訳のない見積りについて

問）見積書に内訳が記載されていない場合や、内訳を記載した見積書の提出を拒否された場合の取扱いについて知りたい。

答）標準引越運送約款等において、「見積りを行ったときは、次の事項を記載した見積書を申込者に発行します。」とされており、「次の事項」として「運賃等の合計額、内訳及び支払方法」が規定されています。そのため、内訳を含めた見積書の発行を求めることが原則となります。各業者においても、見積書を発行することは営業活動の一環として約款に基づいて行われており、従来から、全日本トラック協会が公表している「標準見積書様式」のように内訳の記載のある見積書が一般的に発行されているものと承知しています。

その上で、やむを得ず内訳を記載した見積書を取得できなかった場合には、旅行者が電話により見積書と同等の内訳を聞き取った上で、申立書（日時、相手方氏名、回答内容等を記載したもの）を作成すること等により見積書に代えることができます。

25　内訳に不足がある場合

問）見積書において対象外経費の確認ができない場合の取扱いについて、

見積書には「一式」と記載され、内訳を求めても業者が対応してくれないなど支給要件や実費を確認できない場合には定額支給としてもよいか。

答　標準引越運送約款等において、「見積りを行ったときは、次の事項を記載した見積書を申込者に発行します」とされており、「次の事項」として「運賃等の合計額、内訳及び支払方法」が規定されています。そのため、内訳を含めた見積書の発行を求めることが原則となります。全日本トラック協会が公表している「標準見積書様式」のように内訳の記載のある見積書を発行することは、従来から行われているものと承知しています。

　なお、単身パック等の引越サービスなど、あらかじめ単価が設定されており、詳細な内訳が算出できない場合には、業者が公開している料金に合致していることが確認できれば、一式による見積りに基づき、他の業者との相見積りを行った上で、最も安価な額を実費支給しても差し支えありません。いずれにしても定額支給ではなく、証憑により実費を把握した上で適切な実費を支給することが必要です。

26　見積りの様式について

問　メタサーチサイトを使用し3社からメールで次のような詳細内訳をもらえれば、引越業者が作成する「見積書」の様式以外でもよいか。

例：＝お見積＝
引越日：3月27日（金）
終日フリー：¥166,540
オプション（以下の料金を含んでいます）
洗濯機接続　1台　¥ 6,600
TV・DVD 配線　1台　¥ 5,940

> ・ご家財内容
>
> チェスト：1　テーブル：1　本棚：1　テレビ台：1　薄型テレビ32
>
> ～52インチ：1　パソコン：1　フトン袋：1　衣装ケース：1　ベッ
>
> ドS：1　冷蔵庫300L：1　レンジ：1　洗濯機：1　段ボール：10
>
> 空気清浄機：1

　答）全日本トラック協会ホームページで公表されている標準見積書様式と同程度の見積り内容であれば必ずしも様式は問いません。

　総額のみの表記しかないもの（オプションサービス等の価格がない）、指定日時の記載がないもの、運搬する荷物が網羅的に記載されていないもの、最も安価なプランであることが明らかでないものについては適切な比較ができないため、追加で確認を行う必要があります。

27　見積りの名義人と押印について

> **問**）以下の取扱いについて知りたい。
> ・　職員本人ではなく、家族名義で発行された見積書でもよいか。
> ・　見積書・領収書は、業者名や社印が押印された原本の提出が必要となるのか。また、職員本人名義であることが必要であり、家族名義のものは許容されないのか。
> ・　引越業者の見積書の社印の要否について、見積書に社印はなくても実地見積りで発行された見積書であれば、当該見積書を支給事務の証憑として差し支えないか。

　答）原則としては、配偶者の職場等からの二重払い等を防ぐためにも、職員本人名義で取得した見積書等の原本を証憑として提出いただくことを想定しておりますが、扶養親族のみの移転のため職員本人名義で取得できない場合などのやむを得ない事情があると認められる場合は、この限りで

はありません。

　なお、各引越業者のホームページから申し込んだ場合など、社印が押されていないことが社会通念上通常であると認められる場合については、押印された見積書である必要はありません。

28　見積書の日付について

> **問**　旅行命令日と見積書の整合性について、旅行命令日は見積書の日付と同一である必要はあるか。

> **答**　旅行命令日と見積書の日付が同日である必要はありません。

3　宅配業者による移転

29　宅配便による移転

> **問**　宅配便による移転を行う際の取扱いについて知りたい。

> **答**　「移転料支給事務手引書」10頁（本書40頁）をご参照ください。

30　宅配便利用の場合

> **問**　宅配便で引越しを行う場合に必要とされる「引越業者へ依頼したと仮定した場合よりも安価であるとわかる資料」とはどのようなものか。また、引越業者の見積りが必要となる場合、3社見積りや実地見積りまでは必要なく、メタサーチサイト等で代表1社から簡易な見積りを取ればよいという理解でよいか。

答　価格設定が定型化されている宅配便を利用し、引越業者を利用するより安価であることが明らかであるような場合には、見積書等を取得する必要はありません。

　引越業者を利用した場合の料金と比較する必要がある場合は、メタサーチサイトに限らず、例えば単身パック等の引越サービスを提供する事業者のあらかじめ料金が設定されているプランとの比較によるものでも、差し支えありません。

31　宅配便利用の際の運送保険料

問　宅配便で荷物を送付する際、運送保険料（任意）をかけたときの取扱いについて知りたい。

答　社会通念上妥当と認められる程度の、最も安価なプランであっても付随するような保険料であれば移転料の支給対象となりますが、事務連絡で示している「対象外経費②」（民間企業においても支給を制限している経費）（本書35頁参照）に掲げる物品に対する保険料など通常の範囲を超える保険料については対象となりません。

32　宅配便利用の場合の領収書について

問　宅配便を利用した場合、送り状が領収書となるが、移転料の支給に当たっては、送り状原本の提出が必要となるのか。

答　原則として、原本の提出が必要です。

33　複数回に分けて実施した場合

問　以下の取扱いについて知りたい。

・　単身赴任に伴う引越しで、宅配便を利用し何回かに分けて荷物を送る場合、いつまで、又は何回までを移転に伴う費用と認めてよいか。

　　日常の生活費との切り分けが難しいため個別事情に応じて各官署で判断することになると考えられるが、宅配便の送付回数によっては、結果として引越業者を利用したほうが安価となる場合がある。

　　複数回に分けて運搬する場合でも、原則引越しから1ヶ月に限定したいが、どうか。

・　レンタカーや自家用車を使用して複数日に分けて移転する場合、どの程度の期間・回数まで異動に伴う移転として支給することが可能か。

　　また、単身赴任者などの場合、一部の家財を自宅に残し、後に必要に応じて（例えば冬季になったら暖房器具を運ぶなど）レンタカーや自家用車で運搬することなども考えられるが、この場合、その都度、追加で支給することが可能か。

答　移転料の運用としては、原則として、旅行命令権者は命令時に移転の意思を確認し、その意思がない場合は以後に請求があっても支給しないものとして処理されており、赴任時とは別に引越しを行う場合には、適正な旅費支給の観点からあらかじめ旅行命令権者にその意思を伝える必要があります。

　回数に制限はありませんが、社会通念上合理的かつ経済的な方法で行う場合の経費が移転料支給額の上限であり、移転料が赴任に伴う旧居所から新居所への移転に対して支給される旅費であることを踏まえると、社会通念上相当の期間内に送付することが必要です。また、引越業者に委託した場合の方が安価になると想定される場合には、最も安価な引越業者の最も安価なプランが支給額の上限となります。

4 自家用車、レンタカー等による移転

34 自家用車やレンタカーによる移転

> **問** 自家用車やレンタカーによる移転の可否及びその取扱いについて知りたい。

答 自家用車やレンタカーによる移転を行う際の具体的な手続きや留意事項については、「移転料支給事務手引書」2～4頁、10頁（本書33・34頁、40頁）をご参照ください。

35 レンタカーによる移転の3社見積り

> **問** レンタカーによる移転を行う際の3社見積りの要否について知りたい。

答 原則として3社見積りは必要ありませんが、車種やレンタル期間等については引越しの規模に応じたものであること、また、引越業者へ依頼するよりも安価であることが必要です。「移転料支給事務手引書」10頁（本書40頁）をご参照ください。

36 レンタカーで移転の際の領収書

> **問** レンタカーを利用した引越しの場合、オプション料金等の内容を確認せず、領収書のみで支払ってよいか。

答 「移転料支給事務手引書」2～4頁、10頁（本書33・34・40頁）に従い、内容の確認が必要です。

37　移転日以外の給油

問　移転日ではない日に給油を行った場合の燃料費の取扱いについて知りたい。

答　移転日ではない日に給油を行った場合であっても、移転のための給油であると確認できれば、燃料代を支給して差し支えありません。

38　有料道路の利用

問　高速道路等の有料道路の利用の取扱いについて知りたい。

答　高速道路等の有料道路の利用が社会通念に照らして妥当であり、最も経済的な通常の経路の選択であるということであれば有料道路料金を支給して差し支えありません。

39　自家用車等の移転に係る船舶・航空機の利用

問　自家用車等の移転に係る船舶・航空機の利用について知りたい。

答　自家用車等の移転を業者に委託した場合の追加費用については、移転料の対象外経費となります。

40　自家用車等による移転の際の車賃

問　自家用車等による移転の際の旅費法第19条で定める車賃について知りたい。

答 旅費の二重払いはできませんので、旅費の種類を適切に分類し、必要に応じて減額調整を行うなど、適切に運用いただくようお願いします。

41 車両航送した場合

問 沖縄本島と宮古島又は石垣島間の移転について、自家用車・レンタカーのみで引越しする場合、自ら運転し貨物船に載せ、本人は別の方法で移動した場合、「車両航送料は支給できる」と考えてよいか。

【例】 ① 旧住居から自動車を積み込む貨物船の出発港まで、本人が（引越荷物を積み込んだ）自家用車を運転（ガソリン代等）

② 本人は航空機（人が乗船できるフェリー等がないため）で移動（航空運賃）、自家用車（荷物）は貨物船で移動（車両航送料）

③ 貨物船の到着港から新住居まで、本人が（引越荷物を積み込んだ）自家用車を運転（ガソリン代等）

※ 自動車ですべての荷物を一回で運搬することが前提

例のように、自家用車に積み込んだ引越荷物を運搬する手段として、自家用車のみを貨物船（人が乗船できない船しかない区間）で運搬する場合、車両航送料、ガソリン代等は支給可能か。

答 本ケースにおいては、本人と車が一部区間別々に移動することになりますが、当該区間は自ら運転して移動することが不可能と考えられるため、当該区間における貨物船の利用料については、移転料として支給して差し支えありません。なお、本人が搭乗した航空機の運賃は出頭旅費として支給されることになります。

42 「最も経済的な通常の経路及び方法」について

問 自動車（自家用車、レンタカー）を利用して引越しした場合、移転

路程は考慮せず高速道路料金を支給してよいか。支給してよい場合、旅費法 7 条の「最も経済的な通常の経路及び方法」の考え方に準拠する必要があるか。また、自家用車で引越しする途中、私事旅行も含めて迂回した場合は、どのように高速道路料金を支給すればよいか。

答　私事旅行をしなかった場合の最も経済的な通常の経路及び方法で移動した場合の経費が支給の上限となります。

43　自家用車等による複数回の移転

問　自家用車等による移転で新旧居所を複数回往復した場合の取扱いについて知りたい。また、2 回以上往復した場合、業者より安価である証明は必要か。

答　何往復までという制限はありませんが、社会通念上合理的かつ経済的な方法で行う場合の経費が移転料支給額の上限であり、引越業者に委託した場合の方が安価になると想定される等の場合は、料金比較を行うことが適切と考えられます。

44　ガソリン代実費の算出方法

問　以下の取扱いについて知りたい。
・　職員本人が自家用車を利用して移転する際に利用したガソリン代の支給を受けるためには、当該経費が社会通念上相当であると確認できる資料を添付する必要があるが、実際に利用したガソリン代の領収書を提出させるとともに、最も経済的な通常の経路に係る距離を算出し、その距離に応じて旅費法上の車賃（37 円／ 1 キロ）を支給することで代える方法は認められないか。

　　また、当該方法が認められない場合、支給に当たっての適切な方法も
　しくは当該経費が社会通念上相当であるとわかる資料の具体例があれば
　知りたい。

・　レンタカー・自家用車を利用した移動に係る経費としてガソリン代が
　認められる場合に、その支給に当たって、実費の算出方法（確認方法）
　はどのようにすればよいか。

・　自家用車等で引越しを行う場合の考え方について、ガソリン代の実費
　をどう判断したらよいか。日常生活で使った分と引越しで使った場合を
　区別するエビデンスは何を提出させるべきか。

　　下記運用を考えているが、燃費がわかるエビデンスまでは求めずに、
　レシートに実費を算出する計算式を手書きで記載させ、自己申告とさせ
　てもよいか。

　　⇒　実費＝移動距離（km）÷燃費（km/L）×ガソリン単価（円/L）

　　　※　移動距離は、社会通念に照らして妥当であり、最も経済的な
　　　　通常の経路を算出（ネット検索等）

　　　※　燃費は、使用した車の燃費がわかる資料（移動距離／給油量
　　　　を算出した資料等）

　　　※　ガソリン単価は、給油時のレシート等を元に算出（給油額／
　　　　給油料）。複数回給油した場合は平均値を使用。

　答　ガソリン代等を支給するに当たっては、実際の領収書及び経路検索
サイト等での検索の結果に基づき、①引越時の移動経路（高速道路料金
等）が妥当なものであること、②ガソリン代（給油代）が市場価格、移動
の距離に照らして適当であることなどを確認し、社会通念上相当と考えら
れる実費を支給することが考えられます。

　なお、旅費の二重払いはできませんので、旅費の種類を適切に分類し、
必要に応じて減額調整を行うなど、適切に運用いただくようお願いします。

45　自家用車の運搬

> **問**　以下の取扱いについて知りたい。
>
> ・　引越業者を利用した場合は自家用車運搬のオプション料が対象外となることを踏まえると、引越業者を利用した上で、自家用車を自分で運転して移転した場合は、自家用車に係る経費は支給しないということでよいか。
>
> ・　対馬、宮古島、石垣島などの離島から、あるいはこれらの離島へ荷物を積んで自家用車を輸送する場合、当該輸送にかかる移転料支給の可否について知りたい。
>
> ・　自家用車を利用して引っ越す際に、移動の過程に自家用車をフェリーなどの船に乗せて移動せざるを得ない経路がある場合、フェリーによる自家用車の運搬料金も、対象経費として移転料に含めて差し支えないか。
>
> ・　離島官署への赴任時における自家用車のフェリー航送料は対象外経費であると思われるが、自家用車で引越荷物の一部を運ぶ場合、自家用車のフェリー航送料の実費は移転料に含めて支給することは可能か。

　答　自家用車・レンタカーのみで引越しする場合であって、車に積み込んだ荷物を運搬する手段として、自ら運転する場合の交通費実費（高速道路料金、ガソリン代、有人フェリー代、貨物船等の料金を含む）については支給されますが、自家用車をその他の荷物と異なる方法にて運搬する際の追加費用は、民間企業においても支給を制限されている経費であるため、移転料の対象外経費となります。

　また、荷物の運搬は引越業者へ依頼し、旧官署から新官署へ自家用車を自ら運転し赴任したということであれば、最も経済的な通常の経路及び方法で自家用車を自ら運転して赴任する際の経費については、従来どおり出頭旅費として旅費法の規定に基づく金額を支給することとなります。

　なお、自家用車の運搬費用について、社会通念上やむを得ない特別な事

情があると旅行命令権者が判断される場合は、個別に財務大臣協議を行う
ことは可能ですが、船で運搬するという理由のみをもって特別な事情に該
当するとは考えられません。

46　自家用車、レンタカーによる移転の際の支給対象

問　以下の取扱いについて知りたい。

・　新居所（実家）に自家用車がある者が当該自家用車を使用して引越し
　をするケースについて、新居所（実家）から旧居所まで当該自家用車で
　移動し、荷物を積んで新居所へ引越しを行う場合、新居所（実家）から
　旧居所までの移動に係る高速道路料金・ガソリン代は対象経費に含めて
　差し支えないか。

・　自身の移転より前に、荷物の引越しのみ自家用車で行う場合について、
　旧居所から新居所への移動に係る経費（高速道路料金等）は移転料とし
　て支給されると考えるが、自家用車で新居所から旧居所へ戻る経費（高
　速道路代金）は対象経費にならないという理解でよろしいか。

・　新官署へ着任後に引越しをする場合などに、旧住居での引越作業立会
　いのために、新住居～旧住居間の往復する交通費は対象経費となるか。

・　レンタカーを借りるための旧住居から営業所までの移動経費や営業所
　へ返却した後の新住居までの移動経費は支給対象か。

・　自家用車で引越しする場合、高速道路料金は、途中で降りて（通常の
　最寄りで降りるより安い）も支障ないか。また、再度高速道路を利用し
　ても、支障なく支給されるか。

・　自家用車と宅配便の併用は認められるか。

・　自家用車で家財は運ぶが、本人は別途新幹線を利用して移動する場合、
　支給されるか。このとき、新幹線の領収書は必要か。

答　移転料は旧居所から新居所への「移転」に対して支給される旅費で

あり、全体として旧居所から新居所への移転として捉えることが可能であれば、その実費を支給することができます。その判断に当たっては、具体的な移動の内容を踏まえ、その必要性・合理性・経済性等について、社会通念に照らして相当と言えるかどうかを検討する必要があります。

　新居所から旧居所に車を持ってきて移転を行ったり、途中のインターチェンジで降りることが一概に排除されるものではありませんが、移転が完了した後に別の目的で移動するような場合については、移転料の支給の対象外となります。

　自家用車による移転作業について、回数に制限はありませんが、社会通念上合理的かつ経済的な方法で行う場合の経費が支給額の上限となります。自家用車による移転に加えて宅配便等を別途利用することが社会通念上やむを得ないと考えられ、全体として最も安価と言えるのであれば支給対象として差し支えありません。

　一方、レンタカーを営業所へ返却した後の新住居までの移動経費や移転を行った後の移動については、レンタカーを返却する時点で移転が完了しているものと考えられますので、移転料としての支給はできませんが、出頭旅費に該当する場合には、出頭旅費として支給することは可能です。

　移転料は旧居所から新居所への移転に対して支給される旅費ですので、旧居所までの往復交通費は、支給の対象外です。

　いずれにせよ、自家用車で引越しを行う場合であっても、社会通念上合理的かつ経済的な方法で行う場合の経費が支給額の上限であり、仮に最も安価な引越業者の経費を上回る場合には、最も安価な引越業者の経費が支給額の上限となります。

47　レンタカー移転の際の乗り捨て料金

　問　レンタカーを利用して引越す場合の、いわゆる乗り捨て料金について対象経費に含めて差し支えないか。

> **答** 乗り捨てを行うことが、移転を行う上で社会通念上相当と考えられる場合は支給して差し支えありません。

48 レンタカー移転の際の保険料

> **問** レンタカーを利用した場合、旅行者が任意で契約した自動車保険料は実費支給の対象になるか。

> **答** レンタカーを利用する場合の基本的な保険料は対象となりますが、保険のグレードアップのための追加費用は支給の対象外となります。

49 レンタカー移転の際の高速道路料金、宿泊費

> **問** 自家用車もしくはレンタカーを利用して引越す場合で、利用する車の所在地から旧居所まで一定の距離があり、高速道路を利用する場合についても、当該高速道路料金・ガソリン代は、対象経費に含めて差し支えないか。また、レンタカー移動中の宿泊費は対象経費か。

> **答** 社会通念上妥当な経路である場合は、移転料の対象として差し支えありません。移動中の宿泊がやむを得ないと考えられる場合であっても、必要最低限の宿泊とすることが必要です。

50 レンタカーを利用して家族が転居を手伝う場合の取扱い

> **問** レンタカーで引越しをするため、免許の関係で、実家から家族が手伝い（運転）にくる。実家は長野県長野市、旧居所は千葉県柏市、新居所は神奈川県横浜市である場合、以下の取扱いについて知りたい。
> ① 「長野市～柏市」の交通費（ガソリン代・高速道路料金・レンタカー

代）は支給対象外か。

②　柏市でレンタカーを借り、横浜市を経由して家財を下ろし、長野市まで引越しに伴って実家に送る荷物をそのままレンタカーで運ぶ場合、移転路程となる「柏市～横浜市」の交通費（ガソリン代・高速道路料金・レンタカー代）のみ支給対象か。

③　レンタカー代は、距離で移転路程分を按分計算しても、「柏市～横浜市」をレンタカー利用した場合の見積額を別途徴収してもどちらでもよいか。

答）移転料は旧居所から新居所への「移転」に対して支給される旅費であり、全体として旧居所から新居所への移転として捉えることが可能であれば、その実費を支給することができます。

　上記①について、家族が実家から旧居所まで移動する経路については、職員本人の移動もなく、旧居所の荷物の移動もないことから移転料の対象外となります。

　上記②について、旧居所（柏市）から新居所（横浜市）までの路程について実費が支給されます。移転料は旧在勤官署から新在勤官署に赴任する際、住居又は居所を移転する費用について支給される旅費です。

　上記③について、合理的に支給されるのであれば、按分計算、別途見積書の取得のいずれによっても差し支えありません。

51　複数の移転者と相乗りでの移転

問）複数の移転者と相乗りで移転を行った場合の取扱いについて知りたい。

答）旅費の二重払いは認められませんが、複数の移転者の間で合理的に経費を配分し、支給して差し支えありません。ただし、算定根拠等につい

ては適切に確認することが必要です。

52　フェリーによる移転

> **問**　自家用車による引越しでフェリーを利用する場合、運転者の運賃は旅費法第17条の船賃に準じた等級を利用する必要があるのか。

答　自家用車のみで引越しを行う場合で、移転料としてフェリー代を支給する場合には、旅費法上の船賃として支給されるわけではありませんので、利用したフェリーにおける最低限の運賃を支給することが適当です。移転料ではなく、出頭旅費の対象となる場合には、船賃等の旅費法の規定が適用されます。

5　手法併用による移転

53　引越業者＋宅配便の場合

> **問**　以下の取扱いについて知りたい。
> ・　引越業者に依頼して引越しを行ったもの以外に、宅配便等の経費が個別に発生した場合の移転料の額は、定額の3倍以内であれば合計した額まで支出可能か。
> ・　引越繁忙期により業者を確保できない（又は高額すぎる）ため、一旦宅配等を使用し最小限の荷物で移転し、後日（1か月後）引越業者を使った場合も3社見積りや領収書等の必要書類があれば実費支給可能か。引越作業に当たり、旧居所までの往復交通費及び引越しまでに発生する旧居所の家賃は対象経費となるか。
> ・　引越業者へ依頼する部分と自身で移転を行う部分（宅配便の利用等）とが併存している場合の取扱いについて知りたい。

答）今般の支給方法の見直しは、取得した 3 社以上見積りの中で最も安価な業者の最も安価なプランにより引越しを行った際の費用を上限として実費支給を行うものです。一般的には、引越業者に荷物を一度に全て運搬してもらうことが効率的な引越方法であり、宅配便等で別途荷物を送付する必要はないものと考えられます。

　他方、宅配便等を別途利用することが社会通念上やむを得ないと考えられる場合には、全体として最も安価な方法による実費を支給して差し支えありません。また、移転を何度かに分けて行うことが合理的かつ経済的である場合には、一括で移転した場合と比較し確認した上で支給して差し支えありません。

　定額の 3 倍は、包括協議の対象を判定するための基準であり、実費支給の上限を示すものではありません。

　移転料は旧居所から新居所への「移転」に対して支給される旅費ですので、「旧居所までの往復交通費及び引越しまでに発生する旧居所の家賃」は、特段の事情がない限り支給の対象外です。

　なお、移転料の運用としては、原則として、旅行命令権者は命令時に移転の意思を確認し、その意思がない場合は以後に請求があっても支給しないものとして処理されており、赴任時とは別に引越しを行う場合には、適正な旅費支給の観点からあらかじめ旅行命令権者にその意思を伝える必要があります。

6　領収書

54　見積書と領収書の金額が異なる場合

問）見積書と領収書の金額が異なる場合の取扱いについて知りたい。

答）標準引越運送約款等では、見積書に記載した内容に準拠して請求書

を作成し、運賃等を請求することとされています。したがって、見積書の内容に変更がない場合は見積書と領収書の金額が一致することとなります。

また、見積書の内容に変更が生じた場合については、標準引越運送約款等において請求書に所要の修正を行うこととされており、請求書と領収書の金額が一致することとなります。その場合においても、見積書が請求書を兼ねた様式となっているケースでは、同じく見積書（＝請求書）と領収書の金額が一致することになります。

見積り後に変更が生じ、かつ、見積書と請求書が異なる様式となっているケースにおいては、見積書と領収書の金額が一致しないこととなるため、見積書と領収書の金額の乖離についてどのような経費の変更によるものかを確認できる請求書などの資料を提出する必要があります。

見積り後の金額の変動については、その理由が社会通念上相当なものであれば支給して差し支えありません。

なお、見積書の内容に変更が生じた場合でも、３社以上の見積りを行った趣旨が没却されるような事情がなければ、他社の見積書の取り直しまで必要とはなりません。

55　見積書原本の提出について

問　見積書及び領収書原本を紛失してしまったため、引越業者へ再発行を依頼したところ、業者が再発行してくれることとなったが、発行手続きに時間を要すると言われた場合、見積書の写しであっても、旅費を請求することは可能か。

答　見積書の写しや領収書の写しであっても旅費を請求することは可能です。ただし、二重払い等を防ぐため、再発行後、原本を提出することが必要です。

56 領収書がない場合

> **問** 領収書がない場合は、引越代金合計の記載がある「確認書（お客様控)」でもよいか。また、クレジットカードの利用明細で振込先・支払額が確認できれば実費支給してよいか。

答 支払いの事実を確認できる書類が必要です。領収書は、実際の支払の確認と二重払い防止のために原本を提出してもらうこととしていますが、やむを得ない事情により領収書の原本がない場合には、「確認書（お客様控)」に併せて、クレジットカード明細や銀行振込の控えなどを提出することにより、支払った事実が明らかであれば問題ありません。

57 共済組合提携業者の領収書について

> **問** 共済組合と提携している引越業者には、移転料が支給された後に代金を支払えるよう、支払期限を引越日から40日以内や90日以内としてもらっている業者がある。その場合、移転料を支給する際に領収書が必要となると、職員に立て替え払いが発生し提携業者を利用するメリットがなくなってしまうため、提携業者を利用した場合については、当該業者からの請求書により移転料を支給してよいか。

答 本事例の場合は、請求書によることでも差し支えありませんが、実際に出捐した額の範囲内で適切な実費を支給したことを確認する必要がありますので、後日領収書についても提出してもらう必要があります。

58 消費税の取扱い

> **問** 値引きされた額に消費税がかかるが、対象外経費を除外したあと消

費税はどう計算すればよいか。

答 領収書の消費税額をそのまま支給するのではなく、対象経費と対象外経費の割合で按分を行い、支給額を算定してください。

7 移転料精算金額確認書

59 移転距離の比較

問 「移転料精算金額確認書」にて、「新旧所属官署間の距離」と「新旧住所間の距離」を比較して短い方の距離で移転料定額を算出しているが、「旧所属官署→新住所の距離」及び「旧住所→新所属官署の距離」については比較しないのか。

答 従前から比較していません。

60 「その他、移転に際して直接要した費用(対象外経費を除く)」について

問 「移転料精算金額確認書」(本書30頁参照)の「c a以外の支払額」の「その他、移転に際して直接要した費用(対象外経費を除く)」とは、具体的にどのような費用を想定しているのか。

答 業者に依頼せず引越しを行った場合のエアコンの着脱費用等を想定しております。

61 「段ボールやガムテープといった資材購入費用」の取扱い

問 「段ボールやガムテープといった資材購入費用」は、引越業者が段

ボール等を用意できなかった場合のみ計上となるのか、それとも自身で引越しを行った場合のみ計上すべきか。

> **答**　「移転料精算金額確認書」（本書31頁参照）の「c　a以外の支払額」に記載する金額としては、引越業者に委託しなかった場合の費用となります。

8　対象経費・対象外経費

（1）各種プラン、オプション等

62　「最も安価なプラン」以外の移転について

> **問**　「最も安価なプラン」以外の移転について知りたい。

> **答**　包括協議を適用して支給することができるものは、「最も安価な金額を提示した業者」の「最も安価なプラン」の見積り額が上限となります。「最も安価な金額を提示した業者」以外に依頼する場合又は「最も安価なプラン」以外で引越しを依頼することも可能ですが、差額については支給の対象となりません。

63　オプション費用について

> **問**　オプション費用の許容範囲について知りたい。

> **答**　「移転料支給事務手引書」7頁（本書35頁）をご参照ください。

64 全ての荷造り・荷解きを行うプランの適用について

問 身体的な理由等を起因として、対象外とされている全ての荷造り・荷解きを行うプランを利用した場合の取扱いについて知りたい。

答 一般的には、オプション費用は対象外となりますが、旅行命令権者において特別な事情等に該当すると判断される場合は、個別に財務大臣協議を行った上で支給することは可能と考えられます。

65 「対象外経費②」にないオプションについて

問 事務連絡における「対象外経費②」（民間企業においても支給を制限している経費）（本書35頁参照）に記載されていないオプションの取扱いについて、例えば、引越完了後の段ボール回収など、引越しのオプションは業者ごとに有料・無料と異なるが、その場合の取扱いについて知りたい。

答 「移転料支給事務手引書」8頁から9頁（本書36〜39頁）をご参照ください。

66 おまかせパックの追加費用分

問 おまかせパック利用の場合、作業人員・作業時間は通常の運搬作業と重複する部分があると思われるが、追加費用分をどう切り分けたらよいか。

答 最も安価なプランで見積りを取得した場合、おまかせパック等の荷造・荷解に係る費用は付帯サービス（オプション）として別途計上される

ことが通常と考えられます。具体的に明示されていない場合でも、合理的な方法で対象外経費を除外する必要があります。支給額の上限は、最も安価な業者の最も安価なプランとなりますので、おまかせパックを利用して引越しを行う場合であっても、支給額の算定に当たっては、最も安価な業者の最も安価なプランによる見積りを取得することが必要となります。

67　「日時指定」などの割増料金の取扱いについて

> **問**　「日時指定」などの割増料金の取扱いについて知りたい。

答　一般的には、オプション費用は対象外となりますが、公務による時間の制約などやむを得ない事情がある場合に限り、割増料金についても支給の対象となります。いずれにせよ、引越日時の指定範囲を広げる等の工夫、割増料金の発生しない引越業者等を利用するなど、社会通念上相当と考えられる経費の節減努力を行う必要があります。

68　対象経費の判断

> **問**　①梱包資材貸与料、②特殊作業料吊降し、③吊上げ、④組立家具料金の取扱いについて知りたい。

答　①〜③については、対象外経費として指定する物品の運搬等に要する経費を除き、社会通念上通常必要と考えられるものについて支給の対象となります。④については、「工事・設置等に係るもの」であると考えられるため、追加費用は対象外経費となります。

（2）下見料

69　実地見積手数料（下見料）

> **問**　実地見積手数料（下見料）は支給対象となるか。また、依頼する業者以外の見積書を取得した業者から下見料を請求された場合は支給対象となるのか。その場合の請求方法についても知りたい。

> **答**　「標準引越運送約款」第3条第4項において、「見積料は請求しません。ただし、発送地又は到着地において下見を行った場合に限り、下見に要した費用を請求することがあります。この場合には、見積りを行う前にその金額を申込者に通知し、了解を得ることとします。」と記載されていることからも、合意がない限りは下見の費用について支払う必要はありません。
>
> 　このため、原則として下見料は発生しないものと考えておりますが、旧住居又は新住居の住宅事情等により、下見料を支払うことが必要であり、旅行命令権者においてやむを得ないと判断される場合には、相見積り分の下見料を含めて移転料を支給しても差し支えありません。なお、下見料を支払ってまで相見積りを取ることが合理的でないと判断される場合には、社会通念上相当な経費節減の努力を行った上で、実費を支給することが適当です。

（3）一時預かり費

70　一時預かり費（1）

> **問**　荷物の一時預かり経費については支給対象外としているが、例えば、九州から関東への移転の場合は、安価な業者ほど、請負業者が再委託（移転元からの荷出し業者と、移転先への荷入れ業者が別）しており、この関係で業者側の都合により一時預かりが発生するようである。このような業

者の方が、全ての作業を請負業者一者で行う場合よりも安価であることが多いところ、一時預かり費用が支給対象外ということは、当該者による移転はできないということか。

答　原則として、一時預かり経費については生活費との切り分けが困難であることに加え、運搬等に要する費用とは別に追加的に発生する費用と考えられますので、対象外経費としており、支給するに当たっては個別協議を行うことが必要になります。

　ただし、依頼する業者の都合により、一時預かり費用を含めても、3社以上の見積りを行った他の引越業者に委託するよりも安価になる場合については、より経済的な方法となりますので、一時預かりを含む一連の移動を旧居所から新居所への「移転」と捉え、旅行命令権者において事実を適切に確認の上支給を行って差し支えありません。

71　一時預かり費（2）

問　荷物を一時的に預け、後日移転を行った場合の取扱いについて知りたい。

答　荷物を一時保管する場合の追加費用については、日常生活の一部として荷物を預ける場合の生活費との切り分けが困難であること等から、原則として対象外経費としています。しかし、入居先となる宿舎の引渡しが完了していないなどのやむを得ない事情があると認められるケースにおいては、必要最低限の期間の保管であることが客観的に確認可能である証憑をもって個別協議による支給は可能です。

72　一時預かり費（3）

> 問　荷物の一時保管は対象外経費となっているが、前問の回答では「宿舎の引渡しが完了していないなどのやむを得ない事情があると認められるケースにおいては、必要最低限の期間の保管であることが客観的に確認可能である証憑をもって個別協議による支給は可能」とされている。以下の取扱いについて知りたい。
> ・　「宿舎の引渡しが完了していないなどのやむを得ない事情」とはどの程度まで含まれるか。例えば、民間アパートを借りる際に入居日までの保管料の支給はできるか。
> ・　客観的に確認可能な証憑とは何か。上記の場合、直ちに入居できないことを大家等に証明してもらうこととなるのか。
> ・　定額の３倍までの金額でも、包括協議ではなく個別協議となるのか。

答　民間アパートであれば居住する場所を自由に選択できますので、原則としてやむを得ない事情には該当しません。やむを得ない事情として想定しているケースとしては、国家公務員宿舎に入居する場合であって、宿舎を指定されたにも関わらず、当該宿舎への入居可能日が着任日より遅かった等の理由により、宿舎に入居できなかった場合が考えられます。よって、確認できる証憑としては宿舎の入退居関係の資料となります。この場合であっても、対象外経費として指定しているものを支給することになりますので、金額に関係なく、個別協議が必要となります。

73　実家での保管のための運搬

> 問　以下の取扱いについて知りたい。
> ・　赴任に伴う職員の移転先が、国が指定する場所（研修施設内）で、当該研修施設の管理者により、火災等の災害発生防止の観点から、家財道

具のうち電気器具等の一部の持込みが制限されている場合がある。

　このようなケースでは、移転元住居で使用している家財道具を、やむを得ず実家に送らざるを得ない場合があるが、その際に要する引越費用や宅配費用等は、実費支給の対象として認められるか。

・　単身赴任を終え自宅に戻ることとなった移転者について、現在所持している家財道具を自宅で使用する予定はなく保管スペースもないことから、実家に一時保管してもらう予定である。実家へ家財道具を運ぶための費用（引越代、宅配便代等）は、移転料の支給対象となるか。

・　単身赴任用の家財道具を別の場所で保管しており、旧居所から新居所への引越しに加え、別途、引越業者の利用が必要となる場合、両方の引越費用について、実費支給の対象となるか。

・　過去の単身赴任で使用していた家財道具（洗濯機、冷蔵庫、電子レンジ、衣装ケース等）を現在の住所地（自宅）ではない所（実家等）に保管している場合、当該保管場所から転居先（単身赴任先）までの移転料の支給は可能か。可能な場合、限度額は定額の3倍でよいか。

　また、当該保管場所（実家等）及び自宅から転居先までの各引越費用について、それぞれ3社から見積りを徴する必要があるか。

答）　原則として、旧居所から新居所への引越しのみが赴任に伴う居所の移転であり、移転料支給の対象となります。そのため、旧居所以外の場所から荷物を送る場合の経費、新居所以外へ荷物を送る場合の経費のいずれも原則対象外となります。

　ただし、新住居への居住が義務付けられる場合であって、旅行命令権者が新住居の性質上、新居所以外への荷物の送付が社会通念上やむを得ないと認める場合については、支給して差し支えありません。

　なお、定額の3倍は、包括協議の対象を判定するための基準であり、実費支給の上限を示すものではありません。

（4）個人的趣味等に係るもの

74　趣味で用いる荷物の運搬に要する経費について

> **問**　趣味で用いる大型水槽について、引越業者では運搬できないと言われたため、別途専門業者に依頼して旧居所から新居所へ運搬を行った。この場合の費用は移転料として支給可能か。

> **答**　「個人的趣味で大型なもの」を運搬等する際の追加費用については、対象外経費であるため、支給できません。

75　個人的な嗜好の強いものを運搬する場合

> **問**　個人的趣味で大型なものや個人的な嗜好の強いものを運搬する場合、これらを運搬することにより荷物量が増え基本料金が高くなったとしても、追加費用の切り分けができない場合には支給対象となるのか。

> **答**　個人的趣味で大型なものや個人的な嗜好の強いものを運搬する場合の追加費用は支給の対象外となります。なお、基本料金の中で運搬されるものは、一般に支給対象となりますが、社会通念を著しく逸脱するような特別の事情がある場合には、支給対象を制限する等の対応が必要となります。

（5）エアコン・ガス器具の着脱作業

76　エアコン・ガス器具の着脱作業について（1）

> **問**　エアコン・ガス器具の着脱作業を、引越業者ではなく専門業者が行った場合の取扱いについて知りたい。

答　専門業者が着脱作業を行った場合であっても、移転料の支給対象と
なります。

77　エアコン・ガス器具の着脱作業について（２）

問　エアコン・ガス器具の着脱作業を依頼する場合も３社見積りが必要
か。

答　エアコン・ガス器具の着脱作業については、３社の見積書の取得等
までは必要ありませんが、不当に高額の契約をすることのないよう、旅行
命令権者において適切に判断の上、支給してください。

78　エアコン・ガス器具以外の着脱費用について

問　対象外経費となるエアコン・ガス器具以外の着脱費用について知り
たい。

答　対象外経費となります。

79　灯油やガス等の暖房器具について

問　「エアコン、ガス器具の着脱費用」について、北海道においてはエ
アコンよりも一般的な灯油やガス等の暖房器具が含まれていると考えてよ
いか。

答　対象外経費となります。ただし、社会通念上必要不可欠と認められ
る場合には、個別協議による支給は可能です。

88

80 エアコン、ガス器具の着脱が別時期になる場合

問 エアコンの取外・取付作業を引越業者が取り扱っていない場合には、別の業者に委託して当該作業を行ってもらうことになる。

この場合、新しい宿舎でのエアコン取付作業に期限はない（例えば、翌月に取付を行ってもよい）との理解でよいか。

また、取付作業が引越日よりも大幅に後になってしまった場合には、移転料の支給は、引越し本体に係るものとエアコン作業に係るものとで2回に分けて行えるか。

答 エアコンの移設費用については、旧居所において利用していたエアコンを新居所に移設する場合に限って支給されます。よって、エアコンを別途購入して取付け等を行う場合の費用については、支給の対象外となります。

なお、複数回にわたって引越しを行う場合は、当該移転の方法によることが社会通念上やむを得ないものか、旅行命令権者において適切に判断していただく必要があります。

（6）自家用車等の運搬費
81 自家用車・オートバイ・自転車等の運搬費（1）

問 移転については引越業者に依頼して行い、赴任については自家用車で行う場合、引越業者に係る費用を移転料として、自家用車での赴任に係る費用（ガソリン代、高速道路利用料）を交通費で支給するという整理でよいか。

答 ご認識のとおりです。

82　自家用車・オートバイ・自転車等の運搬費（2）

問　民間企業においても支給を制限している経費について、基本費用内に収まるのであれば、例えば仮に自動車運搬費を基本費用に含めている業者があれば、引越業者に運搬等を依頼し、結果として移転料の支給を受けることができるという理解でよいか。

答　自動車運搬に要する経費が最も安価なプランの中に含まれているケースは、基本的にはないと考えられます。

83　自家用車・オートバイ・自転車等の運搬費（3）

問　生活用の一般的な自転車については、引越業者に依頼する場合、基本料金で対応してもらえることがほとんどであり、追加費用を要しないため運搬を依頼しても移転料の支給対象になると理解している。一方で、引越業者へ依頼するよりも一般的には安価な単身パック等のコンテナを利用する場合、生活用の自転車であってもコンテナに載らないため、自転車を別途宅配便で運搬するなど追加費用が発生することがある。この場合は、追加費用（宅配便の料金）は対象外となるという理解でよいか。

答　原則として、自動車・バイク等の運搬等に係る追加費用については、民間企業においても支給を制限している経費であり、対象外経費としていますので、支給するに当たっては個別協議を行うことが必要になります。

　ただし、コンテナ等の単身パック等の運搬できる荷物に制限があり、生活用の自転車等を別途宅配便等で運搬する必要があるなど、単身パックと生活用の自転車に係る宅配料金の合計額が、3社以上の見積りを行った他の引越業者に委託するよりも安価になる場合は、より経済的な方法となりますので、旅行命令権者において事実を適切に確認の上支給を行って差し

支えありません。

（7）その他対象経費の判断

84　新規購入家具等配送料

> **問**　事務連絡における「対象外経費③」の「家具・家電等の生活用品等を購入した経費等の実費支給に馴染まない経費」の中で、家具・家電等の購入費が指定されているが、例えば、新たに一人暮らしとなる職員が、家具・家電等を購入して店舗から新居へ直接配送する場合に、領収書に配送料が明記されていれば、配送料についても実費支給することが可能か。

答　移転料は旧居所から新居所への「移転」に対して支給される旅費ですので、生活物品の購入に伴う配送料は支給の対象外となります。

85　家電等工事、設置費

> **問**　洗濯機の取り外し、設置費用については、支給対象となるか。

答　エアコン・ガス器具以外の工事、設置等にかかる追加費用は支給の対象外となります。

86　家具、家電等の移転時の引取料

> **問**　赴任に当たって、レンタルしている洗濯機、冷蔵庫、机、椅子、テレビ台等の引取料金は移転料として認められるか。
> 　また、引越しで運送業も行う家電等のレンタル先を利用すると、返却の送料はかからないので、引越しには運送業も行う家電等のレンタル先を利用することを考えているが、この場合も見積りは必要か。

答　引き取り料金はレンタルに要する費用に含まれるため、対象外経費となります。

　家電等のレンタルは自己負担で行うべきですので、そのような経費を考慮せずに 3 社の見積りを取り、その中で最も安い引越業者の最も安いプランが支給額の上限となります。

87　新官署への書類・文具類の郵送費

問　旧居所から新官署に書類・文具類を郵送した際の取扱いについて、移転料支給にかかる移転路程は新居所だが、仕事上必要な物であるため、旧居所から新官署への郵送料も対象経費としてよいか。

答　今回の支給方法の見直しにおいては、原則として、取得した 3 社以上の見積りの中で最も安価な業者の最も安価なプランにより引越しを行った際の費用が上限となりますが、全体として旧居所から新居所への移転として捉えることが可能であり、社会通念上やむを得ないと考えられる場合については、新官署へ送付するものであっても、最も安価な業者の最も安価なプランの費用に加えて宅配便等の利用料を支給して差し支えありません。

88　保防費について

問　保防費が基本料金と別に計上されている場合の取扱いについて知りたい。

答　対象経費として差し支えありません。ただし、対象外経費に掲げる物品に対するものは対象外となります。「移転料支給事務手引書」 7 頁（本書35頁）をご参照ください。

8　個別移転事例

89　第三地を経由する移転

> **問**　以下の取扱いについて知りたい。
>
> ・　旧居所（岩手）から実家（埼玉）に荷物を一旦送った後に新居所（東京）を探したため、旧居所→実家→新居所と2回引越しが生じた。
>
> 　　※　新居所の決定までは、実家に滞在もしくはホテルに宿泊
>
> 　　※　住民票は旧居所のまま、実家には移していない
>
> 　　※　実家からは通勤できないため転居が必要
>
> 　　この場合、2回とも見積書・領収書があれば移転料を支給可能か。また、住民票を実家（埼玉）に移した場合でも同様の取扱いか。
>
> ・　以下の場合の移転料の算定方法はどうなるか。
>
> 　　移転前：職員国設宿舎に居住
>
> 　　移転後：新在勤地において、職員国設宿舎に居住
>
> 　　※　発令後の移転の際、①旧居所から第三地にある実家に一時荷物を移転させた上で、②実家から新居所へ再度荷物を移転させた

答　移転料は、赴任に伴う住所又は居所の移転について支給されるものです。よって、旧居所、新居所のいずれでもない第三地を経由して引越しを行う場合であっても、旧在勤官署から新在勤官署への赴任に伴う旧住居から新住居への移転についての最も安価な業者の最も安価なプランが支給の上限となります。

　ただし、実際に移転を行わない経路について、引越業者へ見積書の提出を求めることができない場合には、実務的には手引書記載のとおり、合理的な算定方法に基づき、適切な支給額を推計等により算定することが必要です。なお、職員が移転に伴う引越代として実際に支払った合計額を超えて移転料を支給することはできません。

90　地方支分部局から地方公共団体に異動する場合

> **問**　職員が地方支分部局から地方公共団体に異動する場合、人事発令上は本省付・即日辞職となり、本省から地方公共団体に出向することとなっている。この場合、実際の移転が地方支分部局（旧居住地）から地方公共団体（新居住地）まで行われたとすると、本省への赴任に伴う実際の移転があるとは認められないことから、移転料は支給しないこととなるのか。

答　本ケースにおいて、実際に移転を行っていない地方支分部局から本省への移転料は支給されません。旅行命令については、移転の実態に即して行われるのが通例と考えられます。

　なお、地方公共団体に出向する際の移転については、出向先から支給されるのが通常です。

91　新在勤地より遠方に住居を移転した場合

> **問**　路程距離と引越距離との整合性について、移転料の定額を計算する際の路程（キロ数）は、原則、旧在勤地から新在勤地までの路程であるが、新在勤地より遠いところに住居を移転しても、新在勤地までの路程に応じた移転料しか支給されないとされている。そうした場合、実際の引越しは、新しい住居（＝新在勤地より遠い住居）となり、路程距離の計算との考え方と整合が取れなくなるが、実費を支給しても問題ないか。

答　移転料を算定する上での路程（距離）については、包括協議に基づき各府省等において支給可能な上限額を判断するために必要となりますので、これまでと同様に算定いただくようお願いします。路程に応じて算定された定額の 3 倍までが包括協議の対象となり、3 倍を超える場合であっても個別協議を行った上で実費の支給が可能となります。

92　旧居所の考え方

> **問**　福岡市にある官署の職員として出張扱いで長期間海外に派遣されていた職員が、帰国直後、東京への異動発令を受けた。この職員は、海外派遣前に福岡市の住居を引き払っており、仙台市にある実家に冷蔵庫等の荷物を一時的に保管していた。この場合、東京での勤務のために仙台市から荷物を送るための費用については、福岡市（旧在勤地）→東京（新在勤地）までの実費を上限とした実費支給を行ってよいか。

> **答**　移転料については、赴任に伴う住所又は居所の移転について支給されるものであることから、原則として旧在勤地から新在勤地への移転に係る費用が対象となります。よって、旧居所以外の場所から荷物を送る場合の経費については、やむを得ない特別な事情がある場合を除き、原則として移転料の対象外となります。
> 　今回のケースでは、仮に留学後に在勤地が変わることがなければ、仙台市の実家に保管していた荷物を自費で福岡市に運び戻すことになったものと考えられます。こうした状況においては、やむを得ない特別な事情があると認めることは困難と考えられます。

9　扶養親族等に関する事項

93　後日移転する扶養親族の移転料手続き（1）

> **問**　扶養親族が後日移転し、移転料を支給する場合も再度見積書・領収書と同じ手続きを行うべきか。

> **答**　ご認識のとおりです。

94　後日移転する扶養親族の移転料手続き（2）

問　本人が手荷物程度で移転し、後日扶養親族が移転する際に引越業者を使った場合の取扱いについて知りたい。

答　3社以上の見積りが必要となります。

95　後日移転する扶養親族の移転料手続き（3）

問　同居している家族が後から引越しをする場合の取扱いについて、従来、定額の移転料を支給する場合、職員が赴任日に合わせて先に移動し、扶養親族が後日移動するケースでは、まず職員本人の移転料（定額の半額）が支給され、後日扶養家族が引越した際に残りの半額が支給されることになっていた。

　今回の実費支給では、このような場合はそれぞれの引越費用が支給されるのか。また、支給額上限はそれぞれの引越費用を合算して定額の3倍以内であれば個別協議は不要となるのか。

答　それぞれの引越費用が実費として支給されます。このため、包括協議の対象については、それぞれの定額の3倍が基準となります。

96　単身赴任中の職員が扶養親族と集合移転する場合（1）

問　職員が単身赴任手当を受給して単身赴任した後、新官署に異動となり、扶養親族とともに新官署所在地にそれぞれ移転した場合の移転料について知りたい。

答　職員は、単身赴任手当を受給し、やむを得ない事情等により別居し

ていたと認められるため、職員の移転、扶養親族の移転ともに引越代実費
が支給可能となります。

97　単身赴任中の職員が扶養親族と集合移転する場合（２）

> [問]　単身赴任中の職員が扶養親族と集合移転する場合において、単身
> 赴任中の職員が単身赴任先の住居の荷物を、扶養親族が居住する自宅又は
> 扶養親族以外が居住する実家等（以下「自宅等」という。）を経由して新
> 住居に荷物を移転させる場合、職員の旧住居から自宅等へ荷物を移転する
> 経費を含めた移転に要した経費全てについて、実費支給の対象となるか。
> 仮に、実費支給の対象とならない場合は、次のA～Cのどの範囲で実費支
> 給を認めることになるのか。
>
> 　A　旧住居→自宅等
>
> 　B　旧住居→新住居
>
> 　C　自宅等→新住居（単身赴任先から自宅等に移転した荷物を含む）

[答]　移転料については、赴任に伴う住所又は居所の移転について支給さ
れるものです。よって、旧居所、新居所のいずれでもない第三地を経由し
て引越しを行う場合であっても、旧在勤官署から新在勤官署への赴任に伴
う旧住居から新住居への移転（本問では、職員本人についてはBの部分、
扶養親族についてはCの部分（単身赴任先から自宅等に移転した荷物を除
く））の最も安価な業者の最も安価なプランが支給額の上限となります。

　ただし、実際に移転を行わない経路について、引越業者へ見積書の提出
を求めることができない場合には、実務的には手引書記載のとおり、合理
的な算定方法に基づき、適切な支給額を推計等により算定することが必要
です。

　なお、職員が移転に伴う引越代として実際に支払った合計額を超えて移
転料を支給することはできません。

98　扶養親族移転の適用時期

問　包括協議の成立以前に前々在勤地から前在勤地に単身赴任し、その後 1 年以内かつ包括協議の成立後に前在勤地から新在勤地へ赴任する場合において、前々在勤地から新在勤地へ扶養親族が移転する場合の定額については、旅費法第23条第 1 項第 3 号括弧書が適用されることになるのか。その場合、前々在勤地と新在勤地までの区間の方が短い場合には、短い区間で計算した金額となるのか。

答　移転料は移転の事実に対して支給されます。旅費法第23条第 1 項第 3 号括弧書は、定額支給を前提とした規定ですので、包括協議の適用日以降の発令に伴う移転については、実際の移転に係る実費が支給されることとなります。本ケースにおいては、扶養親族は前々在勤地から新在勤地に移転することになっていますので、前々在勤地から新在勤地までの実費が支給されることになります。

99　扶養親族の移転料の上限額

問　職員本人とは別に後日移転する扶養親族の移転料の上限額は、具体的にはどのようになるのか。

答　職員の実費の如何に関わらず、職員の移転料定額× 1 ／ 2 の 3 倍が包括協議の上限額となります。なお、これを超える場合であっても個別協議により対応可能です。

100　扶養親族でない家族に係る費用

問　扶養親族ではない家族が、引越しの手伝いのためにホテルに宿泊し

た際の取扱いについて知りたい。

答　当該宿泊料は、謝礼と同等と考えられることから、対象外経費となります。

101　扶養親族でない配偶者に係る費用

問　扶養親族ではない配偶者（自ら生計を維持）と帯同して引越しする場合、引越しに要する実費は、単身での移転と比較して多額となるため、包括協議の対象となる移転料定額の３倍（単身の場合で計算）を超えることが明らかであるが、この場合においても、個別協議により実費を支給することが可能か。

答　扶養親族でない配偶者とともに引越しをする場合には、配偶者が国家公務員であるケースを除き、職員分の引越代が合理的に切り分けられる場合にはその実費を支給し、合理的な切り分けが困難な場合には職員本人と配偶者の引越代実費×１／２を支給することになります。なお、定額の３倍は、包括協議の対象を判定するための基準であり、実費支給の上限を示すものではありません。

102　扶養親族でない配偶者と子どもの移転料

問　以下の場合の移転料の支給額の算定方法はどうなるか。
移転前：家族３名で同居（職員、配偶者、子ども１名）
※　配偶者、子どもは職員の扶養親族ではない。
移転後：家族３名で新官署へ赴任し、引続き同居

答　配偶者が国家公務員である場合を除き、職員分の引越代が合理的に

切り分けられる場合にはその実費を支給し、合理的な切り分けが困難な場合には家族3名分の実費×1／2を支給します。

103　扶養親族でない配偶者と子どもの別地への移転料

> **問**　以下の場合の移転料の支給額の算定方法はどうなるか。
> 移転前：家族3名で同居（職員、配偶者、子ども1名）
> ※　配偶者と子どもは職員の扶養親族ではない
> 移転後：職員1名で新官署へ赴任。
> 　　　　配偶者、子どもは別地（新官署とは異なる県）へ引越し

答　職員の引越代実費のみが移転料として支給され、職員の扶養親族でない配偶者と子どもの引越代実費は支給されません。

104　扶養親族でない配偶者と扶養親族である子どもの別地への移転料

> **問**　以下の場合の移転料の支給額の算定方法はどうなるか。
> 移転前：家族3名で同居（職員、配偶者、子ども1名）
> ※　配偶者は職員の扶養親族ではない。子どもは職員の扶養親族
> 移転後：職員1名で新官署へ赴任
> 　　　　配偶者、子どもは別地へ引越し

答　原則として、職員の引越代実費が移転料として支給されます。ただし、職員の赴任に伴って、職員の扶養親族である子どもを別地に移転しなければならない特別な事情がある場合には、例外的に扶養親族分を支給できる場合があります。例えば、子どもの教育の関係から、僻地での勤務を命ぜられた職員と同居することが難しいため、近隣の市街地へ母親と子どもが移転する場合などです。

105　夫婦ともに国家公務員である場合

> **問**　夫婦ともに国家公務員である場合の移転料の支給について、移転料距離や級の区分が異なる場合における移転料は、最も高い金額を基本額としてよいか。

答　別表第1に定める定額については、各庁の従来の取扱いに従って、包括協議の対象か否かを判断するために利用します。

106　夫婦ともに国家公務員である場合の請求方法

> **問**　夫婦共に国家公務員の場合、移転料をどちらかが請求するのか。仮に双方請求の場合、見積書原本は1通につき、片方は写しでよいのか。

答　どちらか一方から全額請求する方法、夫婦それぞれから請求する方法のどちらでも差し支えありませんが、二重に支給することがないようにご留意ください。後者のケースでは、原本を配偶者の赴任先官署に提出した旨を付記した写しを提出することが考えられます。

別表第二 再任用職員（国家公務員法第八十一条の四第一項又は第八十一条の五第一項の規定により採用

行政職 俸給表 （一）	行政職 俸給表 （二）	専　門 行政職 俸給表	税務職 俸給表	公安職 俸給表 （一）	公安職 俸給表 （二）	海事職 俸給表 （一）
10級		8級	10級	11級	10級	
9級		7級	9級	10級	9級	7級
8級		6級	8級	9級	8級	
7級		5級	7級	8級	7級	6級
6級		4級	6級	7級	6級	
5級		3級	5級	6級	5級	5級
4級	5級		4級	5級	4級	4級
3級	4級	2級	3級	4級	3級	3級
2級	3級	1級	2級	3級 2級 1級	2級	2級
1級	2級 1級		1級		1級	1級

された職員）の行政職俸給表（一）の各級に相当する職務の級

海事職俸給表（二）	教育職俸給表（一）	教育職俸給表（二）	研究職俸給表	医療職俸給表（一）	医療職俸給表（二）	医療職俸給表（三）	福祉職俸給表	専門スタッフ職俸給表
	5級		6級	5級				4級
				4級	8級			3級
	4級		5級					2級
				3級	7級	7級	6級	
			4級		6級	6級	5級	1級
	3級	3級	3級		5級	5級	4級	
6級	2級	2級		2級				
5級	1級	1級	2級	1級	4級 3級	4級 3級	3級 2級	
4級 3級			1級		2級	2級		
2級 1級					1級	1級	1級	

別表第一 行政職俸給表(一)の各級に相当する職務の級

行政職俸給表(一)	行政職俸給表(二)	専門行政職俸給表	税務職俸給表	公安職俸給表(一)	公安職俸給表(二)	海事職俸給表(一)	海事職俸給表(二)
10級		8級	10級	11級	10級		
9級		7級	9級	10級	9級	7級	
8級		6級	8級	9級	8級		
7級		5級	7級	8級	7級	6級	
6級		4級	6級	7級	6級		
5級		3級	5級	6級	5級	5級	
4級	5級		4級	5級	4級	4級	6級
3級	4級	2級	3級	4級	3級	3級	5級
2級	3級	1級の17号俸以上	2級	3級の9号俸以上 2級の33号俸以上 1級の41号俸以上	2級	2級の9号俸以上	4級 3級
1級	2級 1級	1級の16号俸以下	1級	3級の8号俸以下 2級の32号俸以下 1級の40号俸以下	1級	2級の8号俸以下 1級	2級 1級

教育職俸給表（一）	教育職俸給表（二）	研究職俸給表	医療職俸給表（一）	医療職俸給表（二）	医療職俸給表（三）	福祉職俸給表	専門スタッフ職俸給表
5級		6級	5級				4級
4級の5号俸以上		5級の5号俸以上	4級	8級			3級
4級の4号俸以下 3級の29号俸以上		5級の4号俸以下	3級の5号俸以上				2級
3級の9号俸から28号俸まで	3級の29号俸以上		3級の4号俸以下	7級	7級	6級	
2級の25号俸以上	3級の25号俸から28号俸まで 2級の49号俸以上	4級 3級の13号俸以上	2級の13号俸以上	6級	6級	5級	1級
3級の8号俸以下 2級の17号俸から24号俸まで	3級の17号俸から24号俸まで 2級の41号俸から48号俸まで	3級の5号俸から12号俸まで	2級の9号俸から12号俸まで	5級	5級	4級	
2級の5号俸から16号俸まで	3級の5号俸から16号俸まで 2級の37号俸から40号俸まで 1級の57号俸以上	3級の4号俸以下	2級の8号俸以下 1級の25号俸以上				
2級の4号俸以下 1級の25号俸以上	3級の4号俸以下 2級の25号俸から36号俸まで 1級の37号俸から56号俸まで	2級の25号俸以上	1級の13号俸から24号俸まで	4級 3級の5号俸以上	4級 3級の5号俸以上	3級 2級の13号俸以上	
1級の9号俸から24号俸まで	2級の9号俸から24号俸まで 1級の21号俸から36号俸まで	2級の9号俸から24号俸まで 1級の45号俸以上	1級の12号俸以下	3級の4号俸以下 2級の9号俸以上	3級の4号俸以下 2級の29号俸以上	2級の12号俸以下	
1級の8号俸以下	2級の8号俸以下 1級の20号俸以下	2級の8号俸以下 1級の44号俸以下		2級の8号俸以下 1級	2級の28号俸以下 1級	1級	

○国家公務員等の旅費に関する法律の運用方針についての別表

第三　第七条第一項第三号に規定する旅費請求書に添附すべき資料

法第四十一条の規定による協議の内容を確認するに足る資料の写

第四　第七条第一項第四号に規定する旅費請求書に添附すべき資料

職員又は配偶者の死亡、その死亡地及び遺族であることを証明する資料

第五　第七条第一項第五号に規定する旅費請求書に添附すべき資料

損失額、旅行命令等の取消又は旅費の支給を受けることができる者の死亡及び扶養親族であることを証明する資料

第六　第七条第一項第六号に規定する旅費請求書に添附すべき資料

交通機関の事故又は天災その他財務大臣が定める事情により旅費額を喪失したこと及び喪失額を証明する資料

九　法第二十三条又は法第三十六条に規定する移転料

　職員の移転、扶養親族であること及びその移転に該当することを証明する資料の外、法第二十三条第三項の規定に該当する場合にはその期間延長の許可を証明するに足る資料、法第三十六条第三項の規定に該当する場合には、その移転の許可を証明するに足る資料

十　法第三十九条の二に規定する旅費

　その支払を証明するに足る資料

十一　法第二十五条又は法第三十八条に規定する扶養親族移転料

　扶養親族であること並びにその年齢及び移転を証明する資料の外、第三十八条第一項第二号の規定に該当する場合には、その移転の許可を証明するに足る資料

十二　法第二十九条又は法第四十四条に規定する旅費

　外国在勤地において又は旅行中に退職等となったこと、退職等の事由、退職等を知った日にいた地及び所定の期間内に帰住又は退職等に伴う旅行をしたことを証明する資料

十三　法第三十条第四項に規定する旅費

　職員の死亡、遺族であること及びその帰住を証明する資料

十四　法第四十七条第一項に規定する旅費

　法の規定に該当することを証明する資料

十五　外国旅行の旅費

　前各号に掲げるものの外、毎日の行程、宿泊地名及び宿泊施設名、搭乗した列車、船舶又は航空機の路線名及びそれらの発着時刻等を記載又は記録した旅行日記

第二　第七条第一項第二号に規定する旅費請求書に添附すべき資料

一　法第二十七条第二号（法第四十二条において準用する場合を含む。）に規定する宿泊料

　公務上の必要又は天災その他やむを得ない事情を証明する資料

二　法第二十七条第三号（法第四十二条において準用する場合を含む。）に規定する船賃、車賃

　第一の六に掲げる資料

別表第三

第一 第七条第一項第一号に規定する旅費請求書に添附すべき資料

区分	添附すべき資料
一 法第三十二条第一号、第二号若しくは第三号に規定する運賃、法第三十三条第一号若しくは第二号に規定する運賃又は法第三十四条第一項第一号、第二号若しくは第三号に規定する運賃	運賃の等級及び額を証明するに足る資料
二 法第十七条第一項第四号に規定する寝台料金、法第三十二条第四号に規定する運賃若しくは同条第五号に規定する急行料金若しくは寝台料金、法第三十三条第三号に規定する運賃若しくは同条第四号に規定する寝台料金又は法第三十四条第一項第四号に規定する寝台料金	公務上の必要を証明する資料及びその支払を証明するに足る資料
三 法第十八条に規定する航空賃	その支払を証明するに足る資料
四 法第十九条第一項但書に規定する車賃	公務上の必要又は天災その他やむを得ない事情を証明する資料
五 法第三十四条第二項に規定する車賃	その支払を証明するに足る資料
六 法第二十八条第一項第二号（法第四十三条において準用する場合を含む。）に規定する鉄道賃、船賃又は車賃	公務上の必要又は天災その他やむを得ない事情を証明する資料
七 法第二十条第二項（法第三十五条第四項において準用する場合を含む。）の規定による宿泊の場合における日当又は法第二十一条第二項（法第三十五条第四項において準用する場合を含む。）に規定する宿泊料	公務上の支払又は天災その他やむを得ない事情を証明する資料／公務上の必要又は天災その他やむを得ない事情を証明する資料
八 法第二十二条又は法第三十五条第三項に規定する食卓料	その支払を証明するに足る資料

別表第二（第八号様式）　　　　　　　　○ 旅 費 精 算 請 求 書 ○

支出官等	請求者	所 属 部 局 課 （又は所属団体）	官　　職 （又は職業）	職 務 の 級	氏　　　名	旅行命令権者印
殿					㊞	

概　　算　　額	精　　算　　額	差　引　　額	
円	円	円	

旅費精算額の計算内容は、令和　　年　　　月　　　日付旅費概算請求書の計算内容と同じである。

備考	

上記のとおり令和　　年　　　月　　　日付旅行命令等に基く概算払旅費を精算します。

　　　　　　　　　　　　　　　　　　　　　　　　令和　　年　　月　　日

用紙寸法　日本産業規格A列4

備考　1．必要があるときは、各欄の配置に所要の変更を加えることその他所要の調整を加えることができる。
　　　2．電磁的記録により作成する場合における押印は、氏名又は名称を明らかにする措置であつて各庁の長が定めるものをもつて当該押印に代えることができる。

別表第二 （第七号様式）

○ 旅 費 請 求 書 ○

支出官等		殿	請求者	所 属	部	局	課	官	職	職 務 の 級	氏	名	旅行命令権者印
											㊞		㊞

請求額		円	算出根拠	喪失以後の旅行に必要な旅費額	喪失を免れた旅費額	差 引 額	喪失事由
				円	円	円	

	年月日	出発地	経路	到着地	宿泊地	鉄 道 賃						船 賃					航空賃		車 賃			日当		宿泊料		食卓料	
						路程	運賃	急行料金	特別車両料金その他	計		路程	運賃	特別船室料金	寝台料金その他	計		計	定	額	実費額	日数	定額	夜数	定額	夜数	定額
喪失以後の旅行に必要な旅費						粁	円	円	円	円		粁	円	円	円	円	円	粁	円			日	円	夜	円	夜	円
																			粁								
	合		計															円									

上記のとおり旅費を請求します。 上記の金額を領収しました。 氏 名	令和 年 月 日 令和 年 月 日	備考	

備考　1．必要があるときは、各欄の配置に所要の変更を加えることその他所要の調整を加えることができる。
　　　2．電磁的記録により作成する場合における押印は、氏名又は名称を明らかにする措置であつて各庁の長が定めるものをもつて当該押印に代えることができる。

用紙寸法　日本産業規格A列4

別表第二　（第六号様式）　　　　○　旅　費　請　求　書　○

支出官等		○殿	旅行命令 権者印		請求事由		
請求者	所属部局課 （又は住所）						
	官　　職 （又は職業）						
	職務の級 （又は職員との続柄）						
	氏　　　名		㊞				
請　求　額			円				

算出根拠	区　分	本人分	扶養親族分	計	内 訳	
	鉄　道　賃	円	円	円		
	船　　　賃					
	航　空　賃					
	車　　　賃					
	移　転　料					
	支　度　料					
	そ　の　他					
	計					

上記のとおり旅費を請求します。　令和　年　月　日 上記の金額を領収しました。　　令和　年　月　日 　　　　　　　　　　　氏　名　　　　㊞	備考	

用紙寸法　日本産業規格A列4

備考　1．本様式は、使途に従い不用の文字は抹消して使用すること。
　　　2．必要があるときは、各欄の配置に所要の変更を加えることその他所要の調整を加えることができる。
　　　3．電磁的記録により作成する場合における押印は、氏名又は名称を明らかにする措置であつて各庁の長が定めるものをもつて当該押印に代えることができる。

別表第二（第五号様式）　　旅　費　請　求　書

支出官等		旅行命令 権者印	算出根拠
		殿	
請 求 者	住　　　　　所 （又は所属部局課）		
	職　　　　　業 （又　は　官　職）		
	死亡者との続柄 （又は職務の級）		
	氏　　　　　名　　　　　　㊞		
請　　　求　　　額　　　　　　　　円			
死 亡 者	所　属　部　局　課		
	官　　　　　職		
	職　務　の　級		
	氏　　　　　名		
	請求者との続柄		
上記のとおり旅費を請求します。　令和　年　月　日 上記の金額を領収しました。　　令和　年　月　日 　　　　　　　氏　名　　　　　　　　㊞		備考	

用紙寸法　日本産業規格A列4

備考　1．本様式は、使途に従い不用の文字は抹消して使用すること。
　　　2．必要があるときは、各欄の配置に所要の変更を加えることその他所要の調整を加えることができる。
　　　3．電磁的記録により作成する場合における押印は、氏名又は名称を明らかにする措置であつて各庁の長が定めるものをもつて当
　　　　該押印に代えることができる。

別表第二（第四号様式）　　　旅費 概算 請求書
　　　　　　　　　　　　　　　　　　精算

支出官等				殿	旅行命令権者印
請求者	所属部局課				
	官　　　職				
	職務の級				
	氏　　　名		㊞		
請　求　額			円		

算出根拠	区　　分	摘　　　要	金　　額
	鉄　道　賃		円
	船　　　賃		円
	航　空　賃		円
	車　　　賃		円
	日　　　当		円
	宿　泊　料		円
	食　卓　料		円
	支　度　料		円
	計		円

上記のとおり旅費を請求します。　令和　年　月　日	備考		
上記の金額を領収しました。　　　令和　年　月　日			
氏　名　　　　　㊞			

備考　1．本様式は、使途に従い不用の文字は抹消して使用すること。
　　　2．必要があるときは、各欄の配置に、所要の変更を加えることその他所要の調整を加えることができる。
　　　3．電磁的記録により作成する場合における押印は、氏名又は名称を明らかにする措置であつて各庁の長が定めるものをもつて当
　　　　該押印に代えることができる。

用紙寸法　日本産業規格A列4

別表第二（第三号様式（乙））

年月日	出発地	到着地	宿泊地	所要時間	日当又は日額旅費	鉄道賃		船賃		車賃		宿泊料		その他	備考
						路程	運賃、特別車両料金又は実費額	路程	運賃、特別船室料金又は実費額	定額	実費額	夜数	定額		
				時間	円	粁	円	粁	円	粁 円		夜 円		円	
合　　　　計										粁 円					

備考　必要があるときは、各欄の配置に所要の変更を加えることその他所要の調整を加えることができる。

用紙寸法　日本産業規格Ａ列４

別表第二 （第三号様式(甲)）

旅費 概算 請求書
　　　精算

支出官等　　殿	請求者	所属部局課	官　職	職務の級	氏　名㊞	旅行命令権者印

概　　算　　額	精　　算　　額	追　給　額	返　納　額
円	円	円	円

年月日	出発地	到着地	宿泊地	所要時間	日当又は日額旅費	鉄道賃		船賃		車賃		宿泊料			その他	備考
						路程	運賃、特別車両料金又は実費額	路程	運賃、特別船室料金又は実費額	定額	実費額	夜数	定額			
				時間	円	粁	円	粁	円	粁	円	夜	円	円		
合　　　　計												粁	円			

上記のとおり旅費を請求します。　　　　　　　令和　　年　　月　　日
上記の金額を領収しました。　　　　　　　　　令和　　年　　月　　日
　　　　　　　　　　　　　　氏　名㊞

備考　1．本様式は、使途に従い不用の文字は抹消して使用すること。
　　　2．必要があるときは、各欄の配置に所要の変更を加えることその他所要の調整を加えることができる。
　　　3．電磁的記録により作成する場合における押印は、氏名又は名称を明らかにする措置であつて各庁の長が定めるものをもつて当
　　　　　該押印に代えることができる。

用紙寸法　日本産業規格Ａ列4

116

別表第二　(第一号様式（乙）/第二号様式（乙）)

年月日	出発地	経路	到着地	宿泊地	鉄道賃					船賃					航空賃	車賃		日当		宿泊料		食卓料	
					路程	運賃	急行料金	特別車両料金その他	計	路程	運賃	特別船室料金	寝台料金その他	計		定額	実費額	日数	定額	夜数	定額	夜数	定額
					粁	円	円	円	円	粁	円	円	円	円	円	粁	円	日	円	夜	円	夜	円
合　　　計																粁 / 円							

備考　1．本様式は、使途に従い不用の文字は抹消して使用すること。
　　　2．航空賃、食卓料の欄に限つては省略することができる。
　　　3．必要があるときは、各欄の配置に所要の変更を加えることその他所要の調整を加えることができる。

別表第二（第二号様式(甲)）

旅費概算請求書
旅費精算請求書

支出官等 殿	請求者	所属部局課	官職	職務の級	氏名 ㊞	旅行命令権者印

概 算 額	精 算 額	追 給 額	返 納 額
円	円	円	円

年月日	出発地	経路	到着地	宿泊地	鉄道賃						船賃						航空賃		車賃			日当		宿泊料		食卓料	
					路程	運賃	急行料金	特別車両金その他	計		路程	運賃	特別船室料金	寝台料金その他	計		賃	定額	実費額	日数	定額	夜数	定額	夜数	定額
					粁	円	円	円	円		粁	円	円	円	円		粁	円	円	日	円	夜	円	夜	円
合 計																	粁 円								

移転料	路程	定額	既給額	差引額	着後手当	日当	宿泊料	計	支度料	法第三十九条の二の旅費
	粁	円	円	円		日 円	夜 円	円	円	

扶養親族移転料	区分	人員	鉄道賃	船賃	航空賃	車賃	日当	宿泊料	食卓料	着後手当	計
	十二歳以上	人	円	円	円	円	円	円	円	円	円
	六歳以上十二歳未満										
	六歳未満										
	計										

上記のとおり旅費を請求します。　　　　　令和　年　月　日
上記の金額を領収しました。　　　　　　　令和　年　月　日　㊞
氏名　　　　　　　　　　　　　　　　　　備考

用紙寸法　日本産業規格Ａ列４

備考　1．本様式は、使途に従い不用の文字は抹消して使用すること。
　　　2．扶養親族移転料だけを請求する場合には、本人分の旅費を括弧書すること。
　　　3．航空賃、食卓料の欄に限つては、省略することができる。
　　　4．必要があるときは、各欄の配置に所要の変更を加えることその他所要の調整を加えることができる。
　　　5．電磁的記録により作成する場合における押印は、氏名又は名称を明らかにする措置であつて各庁の長が定めるものをもつて当該押印に代えることができる。

別表第二（第一号様式（甲））

旅費概算請求書
　　　精算

支出官等		請求者	所属部局課（又は所属団体）	官職（又は職業）	職務の級	氏　名	旅行命令権者印
	殿					㊞	

概　　算　　額	精　　算　　額	追　　給　　額	返　　納　　額
円	円	円	円

年月日	出発地	経路	到着地	宿泊地	鉄　　道　　賃					船　　　　賃					航空賃	車　　賃		日　当		宿泊料		食卓料	
					路程	運賃	急行料金	特別車両料金その他	計	路程	運賃	特別船室料金	寝台料金その他	計	賃	定額	実費額	日数	定額	夜数	定額	夜数	定額
					粁	円	円	円	円	粁	円	円	円	円	円	粁	円	日	円	夜	円	夜	円
合　　　　　計																粁							
																円							

支　度　料	定　　額	既　給　額	差　引　額	上記のとおり旅費を請求します。　　　令和　年　月　日	備考
	円	円	円	上記の金額を領収しました。　　　　　令和　年　月　日	
法第三十九条の二の旅費				氏　名　　　　　　　　　　　㊞	

備考　1．本様式は、使途に従い不用の文字は抹消して使用すること。
　　　2．航空賃、食卓料の欄に限つては省略することができる。
　　　3．必要があるときは、各欄の配置に所要の変更を加えることその他所要の調整を加えることができる。
　　　4．電磁的記録により作成する場合における押印は、氏名又は名称を明らかにする措置であつて各庁の長が定めるものをもつて当該押印に代えることができる。

用紙寸法　日本産業規格A列4

別表第一（乙）

発令年月日	用務	用務先	旅行期間	旅行命令権者の認印	旅行者の認印	支出官等の認印	概算払		精算払		備考
							年月日	金額	年月日	金額	
			自 年 月 日 至 年 月 日 日間					円		円	
			自 年 月 日 至 年 月 日 日間								
			自 年 月 日 至 年 月 日 日間								
			自 年 月 日 至 年 月 日 日間								
			自 年 月 日 至 年 月 日 日間								
			自 年 月 日 至 年 月 日 日間								
			自 年 月 日 至 年 月 日 日間								
			自 年 月 日 至 年 月 日 日間								
			自 年 月 日 至 年 月 日 日間								
			自 年 月 日 至 年 月 日 日間								
			自 年 月 日 至 年 月 日 日間								

備考　1．旅行命令等を変更する場合には、変更後の旅行命令等の備考欄に旅行命令等の変更の事実及び変更前の旅行命令等の発令年月日を記載すること。
　　　2．必要があるときは、各欄の配置に所要の変更を加えることその他所要の調整を加えることができる。
　　　3．電磁的記録により作成する場合における認印は、氏名又は名称を明らかにする措置であつて各庁の長が定めるものをもつて当該認印に代えることができる。

用紙寸法　日本産業規格A列4

別表第一（甲）　　　　　○　　　旅　行　命　令　簿　　　○　　　　No. ....

○国家公務員等の旅費支給規程の別表

所属部局課 （又は所属団体）					住　所 （又は居所）					職　務　の　級		年　月　日　級 年　月　日　級			
官職（又は職業）		氏名													
発令 年月日	用　　務	用務先	旅　行　期　間		旅行命 令権者 の認印	旅行者 の認印	支出官 等の認 印	概　算　払		精　算　払		備　考			
								年月日	金　額	年月日	金　額				
			自　年　月　日 至　年　月　日	日間					円		円				
			自　年　月　日 至　年　月　日	日間											
			自　年　月　日 至　年　月　日	日間											
			自　年　月　日 至　年　月　日	日間											
			自　年　月　日 至　年　月　日	日間											
			自　年　月　日 至　年　月　日	日間											
			自　年　月　日 至　年　月　日	日間											
			自　年　月　日 至　年　月　日	日間											
			自　年　月　日 至　年　月　日	日間											

用紙寸法　日本産業規格A列4

備考　1．本様式は、使途に従い不用の文字は抹消して使用すること。
　　　2．旅行命令等を変更の場合には、変更後の旅行命令等の備考欄に旅行命令等の変更の事実及び変更前の旅行命令等の発令年月日を記載すること。
　　　3．必要があるときは、各欄の配置に所要の変更を加えることその他所要の調整を加えることができる。
　　　4．電磁的記録により作成する場合における認印は、氏名又は名称を明らかにする措置であつて各庁の長が定めるものをもつて当該認印に代えることができる。

三　支度料及び死亡手当

区分		支度料				死亡手当
		出張			赴任料	
		旅行期間一月未満	旅行期間一月以上三月未満	旅行期間三月以上		
内閣総理大臣等	内閣総理大臣及び最高裁判所長官	一二九、三六〇円	一五七、〇八〇円	一八四、八〇〇円	三〇〇、〇〇〇円	九六〇、〇〇〇円
	国務大臣等及び特命全権大使	一一八、五八〇円	一四三、九九〇円	一六九、四〇〇円	二五〇、〇〇〇円	八八〇、〇〇〇円
	その他の者	一〇七、八〇〇円	一三〇、九〇〇円	一五四、〇〇〇円	二〇〇、〇〇〇円	八〇〇、〇〇〇円
指定職の職務にある者		八六、二四〇円	一〇四、七二〇円	一二三、二〇〇円	一九〇、〇〇〇円	六四〇、〇〇〇円
九級以上の職務にある者		七八、一六〇円	九四、九一〇円	一一一、六五〇円	一七〇、〇〇〇円	五八〇、〇〇〇円
八級又は七級の職務にある者		七〇、〇七〇円	八五、〇九〇円	一〇〇、一〇〇円	一六五、〇〇〇円	五二〇、〇〇〇円
六級の職務にある者		六六、〇三〇円	八〇、一八〇円	九四、三三〇円	一五〇、〇〇〇円	四九〇、〇〇〇円
五級又は四級の職務にある者		六一、九九〇円	七五、二七〇円	八八、五五〇円	一二〇、〇〇〇円	四六〇、〇〇〇円
三級の職務にある者		五三、九〇〇円	六五、四五〇円	七七、〇〇〇円	九〇、〇〇〇円	四〇〇、〇〇〇円
二級の職務にある者					八〇、〇〇〇円	
一級の職務にある者						

備　考

一　この表及び三の表において国務大臣等とは、国務大臣及びその任免につき天皇の認証を要するその他の職員のうち国務大臣の受ける俸給月額に相当する俸給月額又は報酬月額を受ける者をいう。

二　指定都市とは、財務省令で定める都市の地域をいい、甲地方とは、北米地域、欧州地域及び中近東地域として財務省令で定める地域のうち指定都市の地域以外の地域で財務省令で定める地域をいい、丙地方とは、アジア地域（本邦を除く。）、中南米地域、大洋州地域、アフリカ地域及び南極地域として財務省令で定める地域のうち指定都市の地域、甲地方及び丙地方の地域以外の地域で財務省令で定める地域をいい、乙地方とは、指定都市、甲地方及び丙地方の地域以外の地域（本邦を除く。）をいう。

三　船舶又は航空機による旅行（外国を出発した日及び外国に到着した日の旅行を除く。）の場合における日当の額は、丙地方につき定める定額とする。

二　移転料

区分	鉄道百キロメートル未満	鉄道百キロメートル以上五百キロメートル未満	鉄道五百キロメートル以上千キロメートル未満	鉄道千キロメートル以上千五百キロメートル未満	鉄道千五百キロメートル以上二千キロメートル未満	鉄道二千キロメートル以上五千キロメートル未満	鉄道五千キロメートル以上一万キロメートル未満	鉄道一万キロメートル以上一万五千キロメートル未満	鉄道一万五千キロメートル以上二万キロメートル未満	鉄道二万キロメートル以上
内閣総理大臣等	一七五、〇〇〇円	二三三、〇〇〇円	三三一、〇〇〇円	四二六、〇〇〇円	五三五、〇〇〇円	六四四、〇〇〇円	七二一、〇〇〇円	七七五、〇〇〇円	八四〇、〇〇〇円	九〇六、〇〇〇円
指定職の職務又は七級以上の職務にある者	一四一、〇〇〇円	一八八、〇〇〇円	二六九、〇〇〇円	三三八、〇〇〇円	四二三、〇〇〇円	五二一、〇〇〇円	五七五、〇〇〇円	六二八、〇〇〇円	六八〇、〇〇〇円	七三四、〇〇〇円
六級以下四級以上の職務にある者	一二六、〇〇〇円	一五四、〇〇〇円	二二〇、〇〇〇円	二七六、〇〇〇円	三四八、〇〇〇円	四二八、〇〇〇円	四七一、〇〇〇円	五一四、〇〇〇円	五五六、〇〇〇円	六〇一、〇〇〇円
三級以下の職務にある者	九五、〇〇〇円	一二六、〇〇〇円	一八〇、〇〇〇円	二二六、〇〇〇円	二八五、〇〇〇円	三五〇、〇〇〇円	三八六、〇〇〇円	四二一、〇〇〇円	四五六、〇〇〇円	四九三、〇〇〇円

備　考

路程の計算については、水路及び陸路一キロメートルをもつてそれぞれ鉄道一キロメートルとみなす。

別表第二　外国旅行の旅費（第三十五条、第三十七条、第三十九条、第四十条、第四十一条関係）

一　日当、宿泊料及び食卓料

区分		日当（一日につき）				宿泊料（一夜につき）				食卓料（一夜につき）
		指定都市	甲地方	乙地方	丙地方	指定都市	甲地方	乙地方	丙地方	
内閣総理大臣等	内閣総理大臣及び最高裁判所長官	一三、一〇〇円	一一、一〇〇円	八、九〇〇円	八、一〇〇円	四〇、二〇〇円	二六、八〇〇円	二二、五〇〇円	一九、三〇〇円	一〇、一〇〇円
	国務大臣等及び特命全権大使	一〇、五〇〇円	八、七〇〇円	七、〇〇〇円	六、三〇〇円	三二、二〇〇円	二四、二〇〇円	一九、四〇〇円	一七、四〇〇円	八、六〇〇円
	その他の者	九、四〇〇円	七、九〇〇円	六、三〇〇円	五、七〇〇円	二九、〇〇〇円	二三、八〇〇円	一七、二〇〇円	一五、四〇〇円	八、〇〇〇円
指定職の職務にある者		八、三〇〇円	七、〇〇〇円	五、六〇〇円	五、一〇〇円	二五、七〇〇円	二二、五〇〇円	一五、一〇〇円	一三、五〇〇円	七、七〇〇円
七級以上の職務にある者		七、二〇〇円	六、二〇〇円	五、〇〇〇円	四、五〇〇円	二二、五〇〇円	一八、八〇〇円	一二、九〇〇円	一一、六〇〇円	六、七〇〇円
六級以下三級以上の職務にある者		六、二〇〇円	五、二〇〇円	四、二〇〇円	三、八〇〇円	一九、三〇〇円	一六、一〇〇円	一〇、八〇〇円	九、七〇〇円	五、八〇〇円
二級以下の職務にある者		五、三〇〇円	四、四〇〇円	三、六〇〇円	三、二〇〇円	一六、一〇〇円	一三、四〇〇円	一〇、八〇〇円	九、七〇〇円	四、八〇〇円

○国家公務員等の旅費に関する法律の別表

別表第一　内国旅行の旅費（第二十条、第二十四条、第二十七条、第二十八条関係）

一　日当、宿泊料及び食卓料

区　分		日当（一日につき）	宿泊料（一夜につき）甲地方	宿泊料（一夜につき）乙地方	食卓料（一夜につき）
内閣総理大臣等	内閣総理大臣及び最高裁判所長官	三、八〇〇円	一九、一〇〇円	一七、二〇〇円	三、八〇〇円
	その他の者	三、三〇〇円	一六、五〇〇円	一四、九〇〇円	三、三〇〇円
指定職の職務にある者		三、〇〇〇円	一四、八〇〇円	一三、三〇〇円	三、〇〇〇円
七級以上の職務にある者		二、六〇〇円	一三、一〇〇円	一一、八〇〇円	二、六〇〇円
六級以下三級以上の職務にある者		二、二〇〇円	一〇、九〇〇円	九、八〇〇円	二、二〇〇円
二級以下の職務にある者		一、七〇〇円	八、七〇〇円	七、八〇〇円	一、七〇〇円

備　考
宿泊料の欄中甲地方とは、東京都、大阪市、名古屋市、横浜市、京都市及び神戸市のうち財務省令で定める地域その他これらに準ずる地域で財務省令で定めるものをいい、乙地方とは、その他の地域をいう。固定宿泊施設に宿泊しない場合には、乙地方に宿泊したものとみなす。

二　移転料

区　分	鉄道五十キロメートル未満	鉄道五十キロメートル以上百キロメートル未満	鉄道百キロメートル以上三百キロメートル未満	鉄道三百キロメートル以上五百キロメートル未満	鉄道五百キロメートル以上千キロメートル未満	鉄道千キロメートル以上千五百キロメートル未満	鉄道千五百キロメートル以上二千キロメートル未満	鉄道二千キロメートル以上
内閣総理大臣等	一五三、〇〇〇円	一七七、〇〇〇円	二二八、〇〇〇円	二八六、〇〇〇円	三三六、〇〇〇円	三八八、〇〇〇円	四〇一、〇〇〇円	四六五、〇〇〇円
指定職の職務又は七級以上の職務にある者	一二六、〇〇〇円	一四四、〇〇〇円	一八三、〇〇〇円	二二九、〇〇〇円	二六九、〇〇〇円	三〇六、〇〇〇円	三一八、〇〇〇円	三八一、〇〇〇円
六級以下四級以上の職務にある者	一〇七、〇〇〇円	一二三、〇〇〇円	一五二、〇〇〇円	一八七、〇〇〇円	二一〇、〇〇〇円	二四八、〇〇〇円	二七九、〇〇〇円	三三四、〇〇〇円
三級以下の職務にある者	九三、〇〇〇円	一〇七、〇〇〇円	一三一、〇〇〇円	一六三、〇〇〇円	二一六、〇〇〇円	二三七、〇〇〇円	二四三、〇〇〇円	二八二、〇〇〇円

備　考
路程の計算については、水路及び陸路四分の一キロメートルをもつて鉄道一キロメートルとみなす。

動、物価の改訂等の事由に因り緊急に旅費の定額を改訂する必要を生じたときは、最近の国会においてこの法律が改正されるまでの間、政令をもつて臨時に旅費の定額を改訂することができる。

6　旅行先又は目的地が特別の事情により旅費の調整を要するものとして財務省令で定める地域である場合における外国旅行の日当、宿泊料及び支度料に係る別表第二の定額は、当分の間、同表に定める額（日当及び宿泊料については、同表の甲地方について定める額とする。）の十分の八に相当する額とする。

（実施規定）

第四十八条　この法律の実施のための手続その他その執行について必要な事項は、財務省令で定める。

　　　附　則（抄）

1　この法律は、公布の日から施行し、昭和二十五年四月一日以後の旅行から適用する。但し、第四条、第五条及び第十三条の規定は、昭和二十五年五月一日以後出発する旅行から適用し、附則第八項及び第九項の規定は、昭和二十四年度以後に出張又は赴任を命ぜられた者の旅行から適用する。

2　左に掲げる勅令は、廃止する。

　内国旅費規則（昭和十八年勅令第六百八十四号）

　外国旅費規則（大正十年勅令第四百一号）

　南洋群島関東州満洲旅費規則（大正十年勅令第四百二号）

3　外国旅行については、当該旅行の期間とその旅行開始直前十日間の準備期間とを通じた期間が二会計年度にわたる場合の旅費は、当分の間、当該二会計年度のうち前会計年度の歳出予算から概算で支出することができる。

4　前項の規定により支出して旅費の精算に因つて生ずる返納金又は追給金は、その精算を行つた日の属する会計年度の歳入又は歳出とする。

5　国会閉会中において、外国為替相場の変

　　　附　則

　この省令は、公布の日から施行し、昭和二十五年四月一日以後の旅行から適用する。但し、第四条及び第六条から第八条までの規定は、昭和二十五年五月一日以後出発する旅行から適用する。

（旅費の特例）

第四十七条　各庁の長は、職員について労働基準法（昭和二十二年法律第四十九号）第十五条第三項若しくは第六十四条又は船員法（昭和二十二年法律第百号）第四十七条第一項若しくは第二項の規定に該当する事由がある場合において、この法律の規定による旅費の支給ができないとき、又はこの法律の規定により支給する旅費が労働基準法第十五条第三項若しくは第六十四条又は船員法第四十七条の規定による旅費又は費用に満たないときは、当該職員に対しこれらの規定による旅費若しくは費用に相当する金額又はその満たない部分に相当する金額を旅費として支給するものとする。

2　各庁の長は、職員について船員法第四十七条第二項の規定に該当する事由があつた場合において、前項の規定により当該職員に旅費を支給したときは、当該職員に対し、当該支給した旅費の償還を請求するものとする。

る。

9　法第三十八条第一項から第三項に規定する扶養親族移転料のうち、十二歳未満の子に対する航空賃の額については、当分の間、その移転の際における職員の額を限度として、現に支払つた額によることができるものとする。

十四時間以上の航空旅行をする場合には、当該航空旅行における乗り継ぎ回数及びそれに要する時間を勘案し、直近上位の級の運賃によることができるものとする。

７　法第三十四条第一項第一号ハ又は第二号ロに規定する運賃の支給を受ける者が赴任する航空旅行において次の各号に掲げる場合は、当該各号に規定するところによることができるものとする。

イ　携帯手荷物が二十キログラムをこえるときは、そのこえる部分について十キログラムを限度として荷物の超過料金（当該超過料金の範囲内で別送手荷物として携帯する場合には当該利用料金の額）を加算した額

ロ　イの加算額を勘案すれば直近上位の級の運賃によることが経済的と認められる場合には、当該運賃

８　国際会議等に出席するため内閣総理大臣、国務大臣、内閣官房副長官、副大臣、大臣政務官又は国会議員の外国旅行に同行する者が同一の宿泊施設に宿泊しなければ公務上支障を来たす場合、又は国際会議等において外国政府等より宿泊施設の指定があり当該宿泊施設以外に宿泊することが困難な場合には、宿泊料定額を超過して現に支払つた額を上限として、各庁の長が適当と認める額については、増額して支給することができるものとす

支払つた額によることができるものとす
る。

4　法第二十五条第一項第一号及び第二号
に規定する扶養親族移転料の鉄道賃又は
船賃のうち、六歳未満の者を三人以上随
伴する場合における二人を越える者ごと
及び十二歳未満六歳以上の者に支給する
特別車両料金又は特別船室料金の額につ
いては、当分の間、その移転の際におけ
る職員相当の特別車両料金又は特別船室
料金の額によることができるものとす
る。

5　法第三十四条第一項第一号及び第二号
に規定する航空旅行において次の各号に
掲げる場合は、当該各号に規定するとこ
ろによることができるものとする。

イ　内閣総理大臣、国務大臣、内閣官房
副長官、副大臣又は大臣政務官に随行
する秘書官及び警護官については、内
閣総理大臣、国務大臣、内閣官房副長
官、副大臣又は大臣政務官と同一の級
の運賃

ロ　内閣総理大臣等、特定指定職在職者
又は特定指定職在職者に相当する者の
代理（発令行為を伴うものに限る。）と
して公務のため旅行する場合には、最
上級の運賃

6　法第三十四条第一項第一号ハ又は第二
号ロに規定する運賃の支給を受ける者が
一の旅行区間における所要航空時間が二

2 各庁の長は、旅行者がこの法律又は旅費に関する他の法律の規定による旅費により旅行することが当該旅行における特別の事情により又は当該旅行の性質上困難である場合には、財務大臣に協議して定める旅費を支給することができる。

の定額の二分の一に相当する額とする。

8 外国に留学する職員に対し支度料を支給する場合には、三万円以内の額とする。

9 在外公館に勤務する外務公務員の在勤国内における出張(同一地域滞在三十日まで)の場合に支給する日当、宿泊料及び食卓料の額は法別表第二に定める定額の一割に相当する額を、それぞれの定額から減じた額による。

第二項

1 内閣総理大臣、国務大臣、内閣官房副長官、副大臣又は大臣政務官に随行する秘書官及び警護官については、第十六条に規定する鉄道賃のうち、特別車両料金を支給できるものとする。

2 沖縄の復帰に伴う特別措置に関する法律(昭和四十六年法律第百二十九号)第二条第二項に規定する本土と同条第一項に規定する沖縄との間の赴任の場合に支給する法第二十三条第一項に規定する移転料の額は、当分の間、同項に規定する移転料の額の十分の三に相当する額を同項に規定する移転料の額に加算した額によることができるものとする。

3 法第二十五条第一項第一号及び第二号に規定する扶養親族移転料のうち、十二歳未満の者に対する航空賃の額については、当分の間、その移転の際における職員相当の航空賃の額を限度として、現に

地から新在勤地までの路程に満たないときは、その現実の路程に応じた法別表第一の移転料定額による額とする。

5　着後手当（扶養親族移転料のうち着後手当相当分を含む。この号において同じ。）を支給する場合（内国旅行に限る。）において、次の各号に掲げる理由により正規の着後手当を支給することが適当でないときは、当該各号に掲げる基準によ
る着後手当を支給するものとする。

イ　旅行者が新在勤地に到着後直ちに職員のための国設宿舎又は自宅に入る場合　法別表第一の日当定額の二日分及び宿泊料定額の二夜分に相当する額

ロ　赴任に伴う移転の路程が鉄道五十キロメートル未満の場合　法別表第一の日当定額の三日分及び宿泊料定額の三夜分に相当する額

ハ　赴任に伴う移転の路程が鉄道五十キロメートル以上百キロメートル未満の場合　法別表第一の日当定額の四日分及び宿泊料定額の四夜分に相当する額

6　国の経費以外の経費から旅費が支給されるため、正規の旅費を支給することが適当でない場合には、当該旅費のうち国の経費以外の経費から支給される旅費に相当する旅費は、これを支給しないものとする。

7　旅行期間十五日未満の出張の場合の支度料は、法別表第二の旅行期間一月未満

合その他当該旅行における特別の事情に因り又は当該旅行の性質上この法律の規定による旅費又は旅費に関する他の法律の規定による旅費を支給した場合には不当に旅行の実費をこえた旅費又は通常必要としない旅費を支給することとなる場合においては、その実費をこえることとなる部分の旅費又はその必要としない部分の旅費を支給しないことができる。

1　職員の職務の級がさかのぼって変更された場合において、当該職員が既に行つた旅行について旅費の増減を行うことが適当でないと認められる場合には、その変更に伴う旅費額の増減は、これを行わないものとする。

の規定による旅費を支給した場合には不当に旅行の実費をこえた旅費又は通常必要としない旅費を支給することとなる場合のように、法の規定どおりの旅費（以下「正規の旅費」という。）を支給することが旅費計算の建前に照らして適当でない場合を、当該各号に掲げる基準により旅費の調整を行うものとする。

2　旅行者が公用の交通機関、宿泊施設、食堂施設等を無料で利用して旅行したため正規の鉄道賃、船賃、航空賃、車賃、宿泊料又は食卓料を支給することが適当でない場合には、正規の鉄道賃、船賃、航空賃、車賃、宿泊料又は食卓料の全額を支給しないものとする。

3　旅行者が旅行中の公務傷病等により療養したため、正規の日当及び宿泊料を支給することが適当でない場合には、当該医療中の日当及び宿泊料の二分の一に相当する額は、これを支給しないものとする。

4　赴任に伴う現実の移転の路程が旧在勤

所属庁所在地までの前職務相当の移転料及
び扶養親族移転料（着後手当に相当する部
分を除く。）並びに旧所属庁所在地を居住
地とみなして第三十条第四項の規定に準じ
て計算した旅費とする。

（休暇帰国の旅費）
第四十五条の二　第三条第二項第八号の規定
により支給する旅費は、職員の在勤地と本
邦における所属庁所在地間の往復について
出張の例に準じて計算した旅費とする。た
だし、六級又は五級の職務にある者が運賃
の等級を三以上の階級に区分する航空賃又は二階級に区分す
る航空路による特定航空旅行をする場合に
おける航空賃の額については、第三十四条
第一項第一号ロ及び第二号イの規定にかか
わらず、同項第一号ハ又は第二号ロに規定
する運賃によるものとする。
2　前項の場合において、職員が当該休暇帰
国に際し、扶養親族を随伴するときは、第
三十八条第二項の規定に準じて計算した旅
費（着後手当及び支度料に相当する部分を
除く。）に相当する額を前項の旅費に加算
して支給する。

　　　第四章　雑則

（旅費の調整）
第四十六条　各庁の長は、旅行者が公用の交
通機関、宿泊施設等を利用して旅行した場

第四十六条関係
第一項
「この法律又は旅費に関する他の法律

から旧在勤地までの前職務相当の旅費（支度料を除く。）

(三)　旧在勤地に到着した日の翌日から二月以内に当該退職等に伴う旅行をした場合に限り、旧在勤地に到着した日を退職等を知つた日とみなして第一号ロの規定に準じて計算した旅費

五　外国在勤の職員が第二号又は第三号の規定に該当する場合において、家財又は扶養親族を旧在勤地から本邦に移転する必要があるときは、当該各号に規定する旅費の外、旧在勤地から旧所属庁所在地までの前職務相当の移転料及び扶養親族移転料（着後手当に相当する部分を除く。）

2　各庁の長は、天災その他やむを得ない事情がある場合には、前項第一号ロ、第三号ロ又は第四号ハに規定する期間を延長することができる。

3　第一項第二号から第四号までの規定に該当する場合を除く外、職員が外国旅行の途中において退職等となつた場合において第三条第二項第四号の規定により支給する旅費は、前二項の規定に準じ財務省令で定める。

（遺族の旅費）
第四十五条　第三条第二項第六号の規定により支給する旅費は、職員の旧在勤地から旧

（外国旅行の途中における退職者等の旅費）
第十三条　法第四十四条第三項の規定により支給する旅費は、そのつど、法第四十四条第一項及び第二項の規定の趣旨に従い、各庁の長が財務大臣に協議して定める旅費とする。

四 外国在勤の職員が外国又は本邦の出張
地において退職等となった場合において、出張地から旧在勤地に帰った後当該退職等に伴う旅行をしたときは、左に規定する旅費

内に出張地を出発して当該退職等に伴
う旅行をした場合に限り、出張の例に
準じて計算した出張地から旧所属庁所
在地までの前章の規定による前職務相
当の旅費

イ 外国の出張地から旧在勤地に帰る場
合には、出張地を旧在勤地とみなして
第一号イの規定に準じて計算した日当
及び宿泊料

ロ 本邦の出張地から旧在勤地に帰る場
合には、前号イの規定に準じて計算し
た日当及び宿泊料

ハ 退職等を知った日の翌日から一月以
内に出張地を出発して旧在勤地に帰っ
た場合に限り、イ又はロに規定する旅
費の外、左に規定する旅費

(一) 退職等を知った日の翌日からその
出発の前日までの出張地の存する地
域の区分に応じた第三十五条第一項
又は第二十条第一項及び第二十一条
第一項の規定による前職務相当の日
当及び宿泊料。但し、日当については
十五日分、宿泊料については十五
夜分をこえることができない。

(二) 出張の例に準じて計算した出張地

料

ロ　退職等を知つた日の翌日から三月以内に旧在勤地を出発して本邦に帰住した場合に限り、左に規定する旅費

㈠　退職等を知つた日の翌日からその出発の前日までの旧在勤地の存する地域の区分に応じた前職務相当の日当及び宿泊料。但し、日当については三十日分、宿泊料については三十夜分をこえることができない。

㈡　赴任の例に準じて計算した旧在勤地から旧所属庁所在地までの前職務相当の旅費（着後手当を除く。）

二　職員が外国の出張地において退職等となつた場合において、出張地から旧在勤地に帰らないで当該退職等に伴う旅行をしたときは、出張の例に準じ、且つ、出張地を旧在勤地とみなして前号の規定に準じて計算した旅費

三　外国在勤の職員が本邦の出張地において退職等となつた場合において、出張地から旧在勤地に帰らないで当該退職等に伴う旅行をしたときは、左に規定する旅費

イ　退職等の日の翌日から退職等を知つた日までの出張地の存する地域の区分に応じた第二十条第一項及び第二十一条第一項の規定による前職務相当の日当及び宿泊料

ロ　退職等を知つた日の翌日から三月以

第二号又は第三号」とあるのは「第四十三条において準用する第二十八条第一項第一号又は第二号の規定」と読み替えるものとする。

（在勤地以外の同一地域内旅行の旅費）

第四十三条　第二十八条第一項第一号及び第二号並びに第二項の規定は、外国の在勤地以外の同一地域内における旅行の旅費について準用する。この場合において、同条第一項第一号中「第十六条、第十七条又は第十九条」とあるのは、「第三十二条、第三十三条又は第三十四条第二項」と読み替えるものとする。

（退職者等の旅費）

第四十四条　第三条第二項第四号の規定により支給する旅費は、左の各号に規定する旅費とする。

一　外国在勤の職員がその在勤地において退職等となつた場合には、左に規定する旅費

イ　退職等の日の翌日から退職等を知つた日までの旧在勤地の存する地域の区分に応じた前職務相当の日当及び宿泊

一　円未満の端数があるときは、その端数に相当する額を控除した額）

二　旅行が、行程十六キロメートル以上又は引き続き八時間以上の場合には、日当の定額の二分の一に相当する額（その額に一円未満の端数があるときは、その端数に相当する額を控除した額）

2　前項の規定は、法第四十二条において第二十七条第一号を準用する場合において準用する。

定に該当する旅行中に死亡した場合に
は、職員が死亡したものとみなして前項
第一号の規定に準じて計算した額の二分
の一に相当する額

4 第三十条第三項の規定は、第三条第二項
第五号の規定に該当する場合において第一
項又は第二項の規定による死亡手当の支給
を受ける遺族の順位について準用する。

（旅行手当）
第四十一条 第六条第一項に掲げる旅行に代
え旅行手当を支給する旅行は、捕鯨監督又
は漁業監視のための旅行その他旅行先の特
別の事情に因り別表第二の定額による旅費
を支給することを適当でないと認めて財務
大臣が指定する旅行とする。

2 旅行手当の額、支給条件及び支給方法
は、そのつど各庁の長が財務大臣に協議し
て定める。但し、その額は、当該旅行の性
質に応じ、第六条第一項に掲げる旅費の額
についてこの法律で定める基準をこえるこ
とができない。

（在勤地内旅行の旅費）
第四十二条 第二十七条（日額旅費及び移転
料に関する部分を除く。）の規定は、外国の
在勤地内における旅行の旅費について準用
する。この場合において、同条第一号及び
第二号中「別表第一」とあるのは「別表第
二」と、同条第三号中「第二十八条第一項

（在勤地内旅行の旅費）
第九条 法第二十七条第一項に規定する基準
は、左の各号に掲げるものとする。
一 旅行が、行程八キロメートル以上十六
キロメートル未満の場合又は引き続き五
時間以上八時間未満の場合には、日当の
定額の三分の一に相当する額（その額に

第四十一条関係
第一項
1 「財務大臣が指定する旅行」とは、次に
掲げる旅行をいうものとする。
1 捕鯨監督又は漁業監視のための旅行と
同様の性質を有する旅行
2 海事職俸給表の適用を受ける職員が公
海上の航海を目的とする等の旅行

本文の規定による額の十分の八に相当する
額による。

2 職員が第三条第二項第五号の規定に該当
し、且つ、その死亡地が本邦である場合に
おいて同号の規定により支給する死亡手当
の額は、前項の規定にかかわらず、左の各
号に規定する額による。

一 職員が出張中に死亡した場合には、当
該職員の本邦における所属庁（各庁の長
の在勤官署をいう。以下同じ。）所在地
（所属庁がない場合には、東京都。以下
同じ。）を旧在勤地とみなして第三十条
第一項第一号の規定に準じて計算した旅
費の額

二 職員が赴任中に死亡した場合には、当
該職員の本邦における所属庁所在地を新
在勤地とみなして第三十条第一項第二号
の規定に準じて計算した旅費の額

3 外国在勤の職員の配偶者が第三条第二項
第七号の規定に該当し、且つ、その死亡地
が本邦である場合において同号の規定によ
り支給する死亡手当の額は、第一項の規定
にかかわらず、左の各号に規定する額によ
る。

一 配偶者が第三十八条第一項第一号の規
定に該当する旅行中に死亡した場合に
は、職員が死亡したものとみなして前項
第二号の規定に準じて計算した額の二分
の一に相当する額

二 配偶者が第三十八条第一項第二号の規

過去一年以内に支給を受けた支度料の合計額を差し引いた額の範囲内の額による。

3 外国在勤の職員が他の外国に出張又は赴任を命ぜられた場合において支給する支度料の額は、第一項の規定にかかわらず、同項の規定による額から、前に受けた支度料の合計額を差し引いた額の範囲内の額による。

（旅行雑費）

第三十九条の二 旅行雑費の額は、旅行者の予防注射料、旅券の交付手数料及び査証手数料、外貨交換手数料並びに入出国税の実費額による。

（死亡手当）

第四十条 死亡手当の額は、第三条第二項第五号の規定に該当する場合には別表第二の定額により、同項第七号の規定に該当する場合にはその定額の二分の一に相当する額による。ただし、旅行中に死亡した場合（死亡地が本邦である場合を除く。）には、

第三項 前に受けた支度料の合計額の算定にあたつては、現在までの引き続いた外国在勤の直近の内国在勤以前に支給を受けた支度料は含まないものとする。

第四十六条関係

第一項

7 旅行期間十五日未満の出張の場合の支度料は、法別表第二の旅行期間一月未満の定額の二分の一に相当する額とする。

8 外国に留学する職員に対し支度料を支給する場合には、三万円以内の額とする。

航空賃及び車賃並びに日当、宿泊料、食卓料及び着後手当の全額並びに規定する額の三分の二に相当する額

三　十二歳未満の子については、前号に規定する額の二分の一に相当する額

3　第一項第三号の規定に該当する場合における扶養親族移転料の額は、その旧居住地を旧在勤地と、新居住地を新在勤地とみなして第二十五条第一項第一号の規定に準じて計算した額による。

4　第二十五条第一項第三号及び第二項の規定は、前二項の規定による扶養親族移転料の額の計算について準用する。

（支度料）

第三十九条　支度料の額は、出張及び赴任の区分並びに出張にあつてはその旅行期間に応じた別表第二の定額による。

2　本邦から外国に出張又は赴任を命ぜられた者が過去において支度料の支給を受けたことがある者である場合には、その者に対し支給する支度料の額は、前項の規定から、その支度料の額は、前項の規定にかかわらず、同項の規定による額から、その赴任又は出張を命ぜられた日から起算して

第四十六条関係

第二項

9　法第三十八条第一項から第三項に規定する扶養親族移転料の額のうち、十二歳未満の子に対する航空賃の額については、当分の間、その移転の際における職員の額を限度として、現に支払つた額によることができるものとする。

第三十九条関係

第一項

法別表第二の支度料欄に掲げる旅行期間の月の計算は、暦日によつて計算するものとする。

第二項

「その赴任又は出張を命ぜられた日」とは、「その赴任又は出張のための旅行の最初の日」とするものとする。

額の十日分及び宿泊料定額の十夜分に相当する額による。

（扶養親族移転料）

第三十八条 扶養親族移転料は、左の各号の一に該当する場合に支給する。

一 赴任の際各庁の長の許可を受け、扶養親族を旧在勤地から新在勤地まで随伴するとき。

二 外国に在勤中各庁の長の許可を受け、同一在勤地について一回限り、扶養親族を在勤地に呼び寄せ、又は本邦に帰らせるとき。

三 本邦から外国に赴任後各庁の長の許可を受け、赴任を命ぜられた日の翌日から一年以内に一回限り、扶養親族を赴任を命ぜられた日における居住地から本邦内の他の地に移転するとき。

2 前項第一号又は第二号の規定に該当する場合における扶養親族移転料の額は、赴任を命ぜられた日における扶養親族一人ごとに、その移転の際における年齢に従い、左の各号に規定する額の合計額による。

一 配偶者については、その移転の際における職員相当の鉄道賃、船賃、航空賃及び車賃の全額並びに日当、宿泊料、食卓料、着後手当及び支度料の三分の二に相当する額

二 十二歳以上の子については、その移転の際における職員相当の鉄道賃、船賃、

第三十八条関係

第二項
第一項第二号に該当する場合における扶養親族移転料の額の計算の基礎となる旅行区間は、扶養親族を在勤地に呼び寄せるとき（本邦から在勤地と在勤地との区間を除く。）は、その居住地と在勤地との区間とし、扶養親族を本邦から在勤地に呼び寄せ、又は本邦に帰らせるときは、在勤地と本邦の所属庁所在地との区間とする。

五　二千キロメートル以上　定額に百分の
　三十五を乗じて得た額

（外国旅行移転料を支給する場合の扶養親
　族居住地の特例）

第十二条　法第三十六条第三項に規定する
「財務省令で定める扶養親族の居住地」は、
各庁の長が財務大臣と協議して定める扶養
親族の居住地とする。

2　赴任の際扶養親族を随伴しない場合の移
転料の額は、前項（同項第一号の規定に係
る部分を除く。）に規定する額の二分の一
に相当する額による。

3　赴任の際扶養親族を随伴しないが第三十
八条第一項第二号の規定に該当し扶養親族
を呼び寄せる場合の移転料の額は、当該扶
養親族の同号の許可があった日における居
住地（当該扶養親族が二人以上あり、かつ、
これらの者がその居住地を異にしている場
合には、財務省令で定める扶養親族の居住
地）から当該扶養親族を随伴して在勤地へ
赴任したものとみなして第一項の規定を適
用した場合における移転料の額に相当する
額から、当該扶養親族を随伴しないで在勤
地から当該扶養親族を随伴して在勤地にお
ける移転料の額に相当する額を適用した場合における移転
料の額に相当する額を差し引いた額によ
る。

4　第二十五条第一項第三号及び第二項の規
定は、前三項の規定による移転料の額の計
算について、第二十三条第二項の規定は、
前項の規定による移転料の額の計算につい
てそれぞれ準用する。

（着後手当）

第三十七条　着後手当の額は、新在勤地の存
する地域の区分に応じた別表第二の日当定

	カルナシオン	
西アフリカ諸国	ダカール、モンロビア、アビジャン、テマ、ラゴス、ドアラ、リーブルビル及びマタディ	百分の二十

2　前項の場合において、利用する港が二以上ある場合における前項の額は、これらの港における額のうちの、最高額の港の一に対する額とする。

（外国旅行移転料の陸路加算）

第十一条　法第三十六条第一項第三号に規定する「財務省令で定める場合」のうち、陸路の場合は、移転に伴う家財の輸送の通常の経路に含まれる陸路が次の各号に掲げる距離の場合とし、同項同号に規定する「財務省令で定める額」は、当該各号に規定する額とする。

一　百キロメートル以上三百キロメートル未満　定額に百分の十五を乗じて得た額

二　三百キロメートル以上五百キロメートル未満　定額に百分の二十を乗じて得た額

三　五百キロメートル以上千キロメートル未満　定額に百分の二十五を乗じて得た額

四　千キロメートル以上二千キロメートル未満　定額に百分の三十を乗じて得た額

地域	北アメリカ諸国の東海岸	北アメリカ諸国の西海岸	メキシコ及び中央アメリカ諸国	カリブ海諸国	南アメリカ諸国
港	モントリオール、トロント、シカゴ、ニューヨーク、ボルチモア、ニューオリンズ及びヒューストン	バンクーバー、シアトル、ポートランド、サンフランシスコ、ロサンゼルス及びホノルル	アカプルコ、サンホセ、ラ・リベルタッド、アマパラ、コリント、プンタレナス及びコロン	ハバナ、ポルトープランス及びサントドミンゴ	ラ・ゲイラ、ベレン、マナウス、レシフェ、リオデジャネイロ、サントス、リオ・グランデ、モンテビデオ、ブエノスアイレス、バルパライソ、マタラニ、カリヤオ、グアヤキル、ヴェネベンツラ、アスンシオン及びエン
割合	百分の三十	百分の四十五	百分の二十	百分の四十五	百分の四十五

第三十六条　赴任の際扶養親族（赴任を命ぜ
られた日における扶養親族に限る。以下本
条において同じ。）を旧在勤地から新在勤
地まで随伴する場合の移転料の額は、旧在
勤地から新在勤地までの路程に応じた別表
第二の定額（以下本条において「定額」と
いう。）による。ただし、次の各号に該当す
る場合においては、当該各号に規定する額
による。

一　二人以上の扶養親族を随伴する場合に
は、定額に、一人をこえる者ごとにその
百分の十五に相当する額を加算した額

二　外国在勤の職員が赴任を命ぜられた場
合には、定額（前号の規定に該当する場
合には、同号の規定により計算した額）
にその百分の十に相当する額を計算した
額

三　移転に伴う家財の輸送の通常の経路の
うちに含まれる水路又は陸路につき特に
多額の運賃を要する場合として財務省令
で定める場合には、その運賃の額を参酌
して、定額（前二号の規定に該当する場
合には、これらの規定により計算した
額。以下本号において同じ。）に、水路が
含まれる場合にあつては定額の百分の四
十五に相当する額の範囲内、陸路が含ま
れる場合にあつては定額の百分の三十五
に相当する額の範囲内においてそれぞれ
財務省令で定める額に相当する額を加算
した額

いた地域とする。

（外国旅行移転料の水路加算）
第十条　法第三十六条第一項第三号に規定す
る「財務省令で定める場合」のうち、水路
の場合は、移転に伴う家財の輸送の通常
の経路に含まれる家財の積みおろし又は積込
みに利用する港（以下本条において「利用
する港」という。）が、次の表の上欄に掲げ
る地域に属する同表の中欄に掲げる港の場
合とし、同項同号に規定する「財務省令で
定める額」は、それぞれ同表下欄に掲げる
割合を定め額（法第三十六条第一項第三号に
規定する定額をいう。次条において同じ。）
に乗じて得た額とする。

（移転料）

4　第二十条第二項及び第三項、第二十一条第二項並びに第二十二条第二項の規定は、外国旅行の場合の日当、宿泊料及び食卓料について準用する。

3　食卓料の額は、別表第二の定額による。

（外国旅行甲地方の範囲）

第十八条　法別表第二の一の備考二に規定する甲地方は、前条第一号から第三号までに定める地域のうち第十六条の地域以外の地域で、アゼルバイジャン、アルバニア、アルメニア、ウクライナ、ウズベキスタン、エストニア、カザフスタン、キルギス、ジョージア、クロアチア、コソボ、スロバキア、スロベニア、セルビア、タジキスタン、チェコ、トルクメニスタン、ハンガリー、ブルガリア、ベラルーシ、ポーランド、ボスニア・ヘルツェゴビナ、北マケドニア共和国、モルドバ、モンテネグロ、ラトビア、リトアニア、ルーマニア及びロシアを除いた地域とする。

八　南極地域　南極大陸及び周辺の島しよ

シェル諸島並びにそれらの周辺の島しよ（アゾレス諸島、マディラ諸島及びカナリア諸島を除く。）

（外国旅行丙地方の範囲）

第十九条　法別表第二の一の備考二に規定する丙地方は、第十七条第四号、第五号、第七号及び第八号に定める地域のうち第十六条の地域以外の地域で、インドシナ半島（シンガポール、タイ、ミャンマー及びマレーシアを含む。）、インドネシア、大韓民国、東ティモール、フィリピン、ボルネオ及び香港並びにそれらの周辺の島しよを除

アを含み、トルコを除く。）、アイスランド、アイルランド、英国、マルタ及びキプロス並びにそれらの周辺の島しよ（アゾレス諸島、マディラ諸島及びカナリア諸島を含む。）

三　中近東地域　アラビア半島、アフガニスタン、イスラエル、イラク、イラン、クウェート、ヨルダン、シリア、トルコ及びレバノン並びにそれらの周辺の島しよ

四　アジア地域（本邦を除く。）　アジア大陸（アゼルバイジャン、アルメニア、ウクライナ、ウズベキスタン、カザフスタン、キルギス、ジョージア、タジキスタン、トルクメニスタン、ベラルーシ、モルドバ、ロシア及び前号に定める地域を除く。）、インドネシア、東ティモール、フィリピン及びボルネオ並びにそれらの周辺の島しよ

五　中南米地域　メキシコ以南の北アメリカ大陸、南アメリカ大陸、西インド諸島及びイースター並びにそれらの周辺の島しよ

六　大洋州地域　オーストラリア大陸及びニュージーランド並びにそれらの周辺の島しよ並びにポリネシア海域、ミクロネシア海域及びメラネシア海域にある島しよ（ハワイ諸島及びグアムを除く。）

七　アフリカ地域　アフリカ大陸、マダガスカル、マスカレーニュ諸島及びセー

（日当、宿泊料及び食卓料）

第三十五条　日当及び宿泊料の額は、旅行先の区分に応じた別表第二の定額による。

2　第三十二条第五号の規定により寝台料金を支給する場合における宿泊料の額は、前項の規定にかかわらず、旅行先の区分に応じた別表第二の定額の十分の七に相当する額による。

（外国旅行指定都市の範囲）

第十六条　法別表第二の一の備考二に規定する指定都市は、シンガポール、ロサンゼルス、ニューヨーク、サンフランシスコ、ワシントン、ジュネーブ、ロンドン、モスクワ、パリ、アブダビ、ジッダ、クウェート、リヤド及びアビジャンの地域とする。

（外国旅行に係る地域の定義）

第十七条　法別表第二の一の備考二に規定する次の各号に掲げる地域として財務省令で定める地域は、当該各号に定める地域とする。

一　北米地域　北アメリカ大陸（メキシコ以南の地域を除く。）、グリーンランド、ハワイ諸島、バミューダ諸島及びグアム並びにそれらの周辺の島しょ（西インド諸島及びマリアナ諸島（グアムを除く。）を除く。）

二　欧州地域　ヨーロッパ大陸（アゼルバイジャン、アルメニア、ウクライナ、ウズベキスタン、カザフスタン、キルギス、ジョージア、タジキスタン、トルクメニスタン、ベラルーシ、モルドバ及びロシ

用料金の額）を加算した額ロイの加算額を勘案すれば直近上位の級の運賃によることが経済的と認められる場合には、当該運賃

第四十六条関係

第一項

9　在外公館に勤務する外務公務員の在勤国内における出張（同一地域滞在三十日まで）の場合に支給する日当、宿泊料及び食卓料の額は法別表第二に定める定額の一割に相当する額を、それぞれの定額から減じた額による。

第四十六条関係

第二項

8　国際会議等に出席するため内閣総理大臣、国務大臣、内閣官房副長官、副大臣、大臣政務官又は国会議員の外国旅行に同行する者が同一の宿泊施設に宿泊しなければ公務上支障を来たす場合、又は国際会議等において外国政府等より宿泊施設の指定があり当該宿泊施設以外に宿泊することが困難な場合には、宿泊料定額を超過して現に支払った額を上限として、各庁の長が適当と認める額については、増額して支給することができるものとする。

賃

三 運賃の等級を設けない航空路による旅行の場合には、航空機の利用に要する運賃

四 内閣総理大臣等又は指定職の職務にある者が公務上の必要により特別の座席の設備を利用した場合には、前三号に規定する運賃のほか、その座席のため現に支払った運賃の額は、実費額による。

2 車賃の額は、実費額による。

一 本邦と次の地域を除いた地域との間の航空旅行 インドネシア、ベトナム、カンボジア、北朝鮮、シンガポール、タイ、大韓民国、台湾、中華人民共和国、東ティモール、フィリピン、ブルネイ、マレーシア、ミャンマー、モンゴル、ラオス、ハワイ諸島、グアム、ウラジオストク、ハバロフスク及びユジノサハリンスク

二 前号以外の場合において、一の旅行区間における所要航空時間が八時間以上の航空旅行

ろによることができるものとする。

イ 内閣総理大臣、国務大臣、内閣官房副長官、副大臣又は大臣政務官に随行する秘書官、副大臣及び警護官については、内閣総理大臣、国務大臣、内閣官房副長官、副大臣又は大臣政務官と同一の級の運賃

ロ 内閣総理大臣等、特定指定職在職者又は特定指定職在職者の代理(発令行為を伴うものに限る)として公務のため旅行する場合には、最上級の運賃

6 法第三十四条第一項第一号ハ又は第二号ロに規定する運賃の支給を受ける者が一の旅行区間における所要航空時間が二十四時間以上の航空旅行をする場合には、当該航空旅行における乗り継ぎ回数及びそれに要する時間を勘案し、直近上位の級の運賃によることができるものとする。

7 法第三十四条第一項第一号ハ又は第二号ロに規定する運賃の支給を受ける者が赴任する航空旅行において次の各号に掲げる場合は、当該各号に規定するところによることができるものとする。

イ 携帯手荷物が二十キログラムをこえるときは、そのこえる部分について十キログラムを限度として荷物の超過料金(当該超過料金の額の範囲内で別送手荷物として携帯する場合には当該利

ものうち同表の六号俸の俸給月額以上の俸給を受けるもの（同表の七号俸以上の俸給を受ける者又は六号俸の俸給月額の俸給を受ける者にあつては、各庁の長が財務大臣に協議して定めるものに限る。以下この号において「特定指定職在職者」という。）及び指定職の職務を受ける者であつて同表の適用を受けないものうち各庁の長が財務大臣に協議して定める特定指定職在職者に相当するものについては、最上級の運賃

ロ　指定職の職務にある者（イに該当する者を除く。）、七級以上の職務にある者及び長時間にわたる航空路による旅行として財務省令で定めるもの（以下「特定航空旅行」という。）をする六級又は五級の職務にある者については、最上級の直近下位の級の運賃

ハ　六級以下の職務にある者（ロに該当する者を除く。）については、ロに規定する運賃の級を二階級に区分する航空路による旅行の場合には、次に規定する運賃

二　運賃の等級の級の直近下位の級の運賃

イ　内閣総理大臣等並びに指定職の職務又は七級以上の職務にある者及び特定航空旅行をする六級又は五級の職務にある者については、上級の運賃

ロ　六級以下の職務にある者（イに該当する者を除く。）については、下級の運賃

（特定航空旅行）

第九条の二　法第三十四条第一項第一号に規定する長時間にわたる航空路による旅行として財務省令で定めるものは、次の各号に掲げるものとする。

サービス施設使用料（成田国際空港株式会社が徴収するもの）及び旅客施設使用料（中部国際空港株式会社が徴収するもの）並びに旅客保安サービス料（成田国際空港株式会社及び関西エアポート株式会社が徴収するものを含む。）、地方公共団体が管理する空港及び海外の空港における同様の料金についても同じく扱いとする。

なお、

2　非常勤の審議会等の長、委員のうち、特別職の審議会等の長については、法第二条第一項第二号に規定する「これらに相当する職務にある者」として定めることにより内閣総理大臣等とし、特別職の審議会等の委員及び一般職の審議会等（本省庁に属する審議会等に限る。）の長については、特定指定職在職者に相当する者として、財務大臣に協議したものとみなすものとする。

3　本省庁の顧問等のうち、特定指定職在職者に在職したことがある者について、特定指定職在職者に相当する者として、財務大臣に協議したものとみなすものとする。

第四十六条関係

第二項

5　法第三十四条第一項第一号及び第二号に規定する航空旅行において次の各号に規定するところに規定する場合は、当該各号に規定するところ

る者については中級の運賃、六級以下
の職務にある者については下級の運賃

ハ　最上級の運賃を二に区分する船舶に
よる旅行の場合には、内閣総理大臣等
についてはその階級内の上級の運賃、
その他の者については下級の運賃

二　運賃の等級を設けない船舶による旅行
の場合には、その乗船に要する運賃

三　内閣総理大臣等又は指定職の職務若し
くは七級以上の職務にある者が公務上の
必要によりあらかじめ旅行命令権者の許
可を受け特別の運賃を必要とする船室を
利用した場合には、前二号に規定する運
賃のほか、その船室のために現に支払っ
た運賃

四　公務上の必要により別に寝台料金を必
要とした場合には、前三号に規定する運
賃のほか、現に支払った寝台料金

（航空賃及び車賃）
第三十四条　航空賃の額は、次の各号に規定
する旅客運賃（以下この条において「運賃」
という。）による。
一　運賃の等級を三以上の階級に区分する
航空路による旅行の場合には、次に規定
する運賃
イ　内閣総理大臣等並びに指定職の職務
にある者であって一般職の職員の給与
に関する法律第六条第一項第十一号に
規定する指定職俸給表の適用を受ける

第三十四条関係
1　航空賃には、旅客取扱施設利用料（空
港法（昭和三十一年法律八十号）第十六
条第三項（同法附則第五条第一項及び関
西国際空港及び大阪国際空港の一体的か
つ効率的な設置及び管理に関する法律
（平成二十三年法律第五十四号）第三十
二条第二項において準用する場合を含
む。）の規定により空港法に定める指定
空港機能施設事業者等が国土交通大臣に
届け出て徴収するもの）、国際線旅客

寝台料金を必要とした場合には、前各号
に規定する運賃のほか、現に支払つた急
行料金又は寝台料金

（船賃）

第三十三条　船賃の額は、次の各号に規定す
る旅客運賃（はしけ賃及び桟橋賃を含む。
以下この条において「運賃」という。）及び
寝台料金（これらのものに対する通行税を
含む。）による。

一　運賃の等級を二以上の階級に区分する
船舶による旅行の場合には、最上級の運
賃とし、最上級の運賃を更に二以上に区
分する船舶による旅行の場合には、次に
規定する運賃

イ　最上級の運賃を四以上に区分する船
舶による旅行の場合には、内閣総理大
臣等についてはその階級内の最上級の
運賃、指定職の職務又は七級以上の職
務にある者については最上級の直近下
位の級の運賃、六級以下二級以上の職
務にある者については指定職の職務又
は七級以上の職務にある者について定
める運賃の級の直近下位の級の運賃、
一級の職務にある者については最下級
の運賃

ロ　最上級の運賃を三に区分する船舶に
よる旅行の場合には、内閣総理大臣等
についてはその階級内の上級の運賃、
指定職の職務又は七級以上の職務にあ

2　前項本文の場合において、第二十五条第一項の規定の適用については、本邦出発の場合にはその外国への出発地を新在勤地又は新居住地とみなし、本邦到着の場合にはその外国からの到着地を旧在勤地又は旧居住地とみなす。

（鉄道賃）

第三十二条　鉄道賃の額は、次の各号に規定する旅客運賃（以下この条において「運賃」という。）、急行料金及び寝台料金（これらのものに対する通行税を含む。）による。

一　運賃の等級を三以上の階級に区分する線路による旅行の場合には、次に規定する運賃

イ　内閣総理大臣等及び指定職の職務又は七級以上の職務にある者については、最上級の運賃

ロ　六級以下の職務にある者については、最上級の直近下位の級の運賃

二　運賃の等級を二階級に区分する線路による旅行の場合には、最上級の運賃

三　運賃の等級を設けない線路による旅行の場合には、その乗車に要する運賃

四　内閣総理大臣等又は指定職の職務若しくは七級以上の職務にある者が公務上の必要により特別の座席の設備を利用した場合には、前三号に規定する運賃のほか、その座席のために現に支払った運賃又は

五　公務上の必要により別に急行料金又は

第二項第二号の規定に該当する場合において同号の規定により支給する旅費は、当該職員の本邦への出張における出張地を旧在勤地とみなして前項第一号の規定に準じて計算した旅費とする。

3　遺族が前二項に規定する旅費の支給を受ける順位は、第二条第一項第九号に掲げる順序により、同順位者がある場合には、年長者を先にする。

4　第三条第二項第三号の規定により支給する旅費は、第二十五条第一項第一号の規定に準じて計算した居住地から帰住地（外国に帰住する場合には、本邦における外国への出発地）までの鉄道賃、船賃、車賃及び食卓料とする。この場合において、同号中「食卓料を命ぜられた日」とあるのは、「職員が死亡した日」と読み替えるものとする。

第三章　外国旅行の旅費

（本邦通過の場合の旅費）
第三十一条　外国旅行中本邦を通過する場合には、その本邦内の旅行について支給する旅費は、前章に規定するところによる。但し、移転料並びに外国航路の船舶又は航空機により本邦を出発し、又は本邦に到着した場合における船賃又は航空賃及び本邦を出発した日からの日当及び食卓料又は本邦に到着した日までの日当及び食卓料については、本章に規定するところによる。

の前職務相当の旅費

ロ　退職等を知つた日の翌日から三月以内に出発して当該退職等に伴う旅行をした場合に限り、出張の例に準じて計算した退職等を知つた日にいた地から旧在勤地までの前職務相当の旅費

二　職員が赴任中に退職等となつた場合には、赴任の例に準じ、且つ、新在勤地を旧在勤地とみなして前号の規定に準じて計算した旅費

2　本邦に出張中の外国在勤の職員が第三条第二項第一号の規定に該当する場合において同号の規定により支給する旅費は、当該職員の本邦への出張における出張地を旧在勤地とみなして前項第一号の規定に準じて計算した旅費の外、第四十四条第一項第三号ロ又は第四号及び第五号並びに第二項の規定に準じて計算した旅費とする。

（遺族の旅費）
第三十条　第三条第二項第二号の規定により支給する旅費は、左の各号に規定する旅費とする。

一　職員が出張中に死亡した場合には、死亡地から旧在勤地までの往復に要する前職務相当の旅費

二　職員が赴任中に死亡した場合には、赴任の例に準じて計算した死亡地から新在勤地までの前職務相当の旅費

2　本邦に出張中の外国在勤の職員が第三条

は車賃を要する場合で、その実費額が当該旅行について支給される日当額の二分の一に相当する額をこえる場合には、そのこえる部分の金額に相当する額の鉄道賃、船賃又は車賃

三　赴任を命ぜられた職員が、職員のための国設宿舎に居住すること又はこれを明け渡すことを命ぜられ、住所又は居所を移転した場合には、別表第一の鉄道五十キロメートル未満の場合の移転料定額の三分の一に相当する額（扶養親族を随伴しない場合には、その二分の一に相当する額）の移転料。但し、当該移転料の額を計算する場合において、その額に円位未満の端数を生じたときは、これを切り捨てるものとする。

2　第二十条第三項の規定は、前項第一号の場合について準用する。

（退職者等の旅費）

第二十九条　第三条第二項第一号の規定により支給する旅費は、左の各号に規定する旅費とする。

一　職員が出張中に退職等となつた場合には、左に規定する旅費

イ　退職等となつた日（以下「退職等の日」という。）にいた地から退職等の命令の通達を受け、又はその原因となつた事実の発生を知つた日（以下「退職等を知つた日」という。）にいた地まで

二 公務上の必要又は天災その他やむを得ない事情に因り宿泊する場合には、別表第一の宿泊料定額の二分の一に相当する額の宿泊料

三 第二十八条第一項第二号又は第三号に該当する場合には、当該各号に規定する額の鉄道賃、船賃、車賃又は移転料

（在勤地以外の同一地域内旅行の旅費）

第二十八条 在勤地以外の同一地域内における旅行については、鉄道賃、船賃、車賃、移転料、着後手当及び扶養親族移転料は、支給しない。但し、左の各号の一に該当する場合においては、当該各号に規定する額の旅費を支給する。

一 鉄道百キロメートル、水路五十キロメートル又は陸路二十五キロメートル以上の旅行の場合には、第十六条、第十七条又は第十九条の規定による額の鉄道賃、船賃又は車賃

二 前号の規定に該当する場合を除く外、公務上の必要又は天災その他やむを得ない事情に因り特に多額の鉄道賃、船賃又

は引き続き八時間以上の場合には、日当の定額の二分の一に相当する額（その額に一円未満の端数があるときは、その端数に相当する額を控除した額）

2 前項の規定は、法第四十二条において法第二十七条第一号を準用する場合において準用する。

一　測量、調査、土木営繕工事、巡察その他これらに類する目的のための旅行

二　長期間の研修、講習、訓練その他これらに類する目的のための旅行

三　前二号に掲げる旅行を除く外、その職務の性質上常時出張を必要とする職員の出張

2　日額旅費の額、支給条件及び支給方法は、各庁の長が財務大臣に協議して定める。但し、その額は、当該日額旅費の性質に応じ、第六条第一項に掲げる旅費の額についてこの法律で定める基準をこえることができない。

（在勤地内旅行の旅費）

第二十七条　在勤地内における旅行については、左の各号の一に該当する場合において、当該各号に規定する額の旅費又は当該旅費を基準とする日額旅費に限り、支給する。

一　旅行が行程八キロメートル以上又は引き続き五時間以上にわたる場合には、別表第一の日当定額の二分の一以内において財務省令で定める基準に従い、各庁の長が定める額の日当

（在勤地内旅行の旅費）

第九条　法第二十七条第一号に規定する基準は、左の各号に掲げるものとする。

一　旅行が、行程八キロメートル以上十六キロメートル未満の場合又は引き続き五時間以上八時間未満の場合には、日当の定額の三分の一に相当する額（その額に一円未満の端数があるときは、その端数に相当する額を控除した額）

二　旅行が、行程十六キロメートル以上又は

当の鉄道賃及び船賃の二分の一に相当する金額を加算する。

二 前号の規定に該当する場合を除く外、第二十三条第一項第一号又は第三号の規定に該当する場合には、扶養親族の旧居住地から新居住地までの旅行について前号の規定に準じて計算した額。但し、前号の規定により支給することができる額に相当する額（赴任の後扶養親族を移転するまでの間に赴任があつた場合には、各赴任について更に前号の規定により支給することができる額に相当する額の合計額）をこえることができない。

三 第一号イからハまでの規定により日当、宿泊料、食卓料及び着後手当の額を計算する場合において、当該旅費の額に円位未満の端数を生じたときは、これを切り捨てるものとする。

2 職員が赴任を命ぜられた日において胎児であつた子を移転する場合においては、扶養親族移転料の額の計算については、その子を赴任を命ぜられた日における扶養親族とみなして、前項の規定を適用する。

（日額旅費）

第二十六条 第六条第一項に掲げる旅費に代え日額旅費を支給する旅行は、左に掲げる旅行のうち当該旅行の性質上日額旅費を支給することを適当と認めて財務大臣が指定するものとする。

第二十六条関係

第一項
「財務大臣が指定するもの」とは、各庁の長が財務大臣に協議し日額旅費の支給の対象として定める旅行をいうものとする。

（扶養親族移転料）

第二十五条　扶養親族移転料の額は、左の各号に規定する額による。

一　赴任の際扶養親族を旧在勤地から新在勤地まで随伴する場合には、赴任を命ぜられた日における扶養親族一人ごとに、その移転の際における年齢に従い、左の各号に規定する額の合計額

イ　十二歳以上の者については、その移転の際における職員相当の鉄道賃、船賃、航空賃及び車賃の全額並びに日当、宿泊料、食卓料及び着後手当の三分の二に相当する額

ロ　十二歳未満六歳以上の者については、イに規定する額の二分の一に相当する額

ハ　六歳未満の者については、その移転の際における職員相当の日当、宿泊料、食卓料及び着後手当の三分の一に相当する額。但し、六歳未満の者を三人以上随伴するときは、二人をこえる者ごとにその移転の際における職員相当する額に相当する額。

ロメートル未満の場合　法別表第一の日当定額の三日分及び宿泊料定額の三夜分に相当する額

ハ　赴任に伴う移転の路程が鉄道五十キロメートル以上百キロメートル未満の場合　法別表第一の日当定額の四日分及び宿泊料定額の四夜分に相当する額

第四十六条関係

第二項

3　法第二十五条第一項第一号及び第二号に規定する扶養親族移転料のうち、十二歳未満の者に対する航空賃の額については、当分の間、その移転の際における職員相当の航空賃の額を限度として、現に支払つた額によることができるものとする。

4　法第二十五条第一項第一号及び第二号に規定する扶養親族移転料の鉄道賃又は船賃のうち、六歳未満の者を三人以上随伴する場合における二人を越える者ごと及び十二歳未満六歳以上の者に支給する特別車両料金又は特別船室料金の額については、当分の間、その移転の際における職員相当の特別車両料金又は特別船室料金の額によることができるものとする。

する額に相当する額（赴任の後扶養親族を移転するまでの間に更に赴任があった場合には、各赴任について支給することができる前号に規定する額に相当する額の合計額）

2　前項第三号の場合において、扶養親族を移転した際における移転料の定額と異なるときは、同号の額は、扶養親族を移転した際における移転料の定額を基礎として計算する。

3　旅行命令権者は、公務上の必要又は天災その他やむを得ない事情がある場合には、第一項第三号に規定する期間を延長することができる。

（着後手当）

第二十四条　着後手当の額は、別表第一の日当定額の五日分及び赴任に伴い住所又は居所を移転した地の存する地域の区分に応じた宿泊料定額の五夜分に相当する額による。

給する法第二十三条第一項に規定する移転料の額は、当分の間、同項に規定する移転料の額の十分の三に相当する額を同項に規定する移転料の額に加算した額によることができるものとする。

第四十六条関係

第一項

5　着後手当（扶養親族移転料のうち着後手当相当分を含む。この号において同じ。）を支給する場合（内国旅行に限る。）において、次の各号に掲げる理由により正規の着後手当を支給することが適当でないときは、当該各号に掲げる基準による着後手当を支給するものとする。

イ　旅行者が新在勤地に到着後直ちに職員のための国設宿舎又は自宅に入る場合　法別表第一の日当定額の二日分及び宿泊料定額の二夜分に相当する額

ロ　赴任に伴う移転の路程が鉄道五十キ

トルとみなして、前項の規定を適用する。

（宿泊料）
第二十一条　宿泊料の額は、宿泊先の区分に応じた別表第一の定額による。
2　宿泊料は、水路旅行及び航空旅行については、公務上の必要又は天災その他やむを得ない事情に因り上陸又は着陸して宿泊した場合に限り、支給する。

（食卓料）
第二十二条　食卓料の額は、別表第一の定額による。
2　食卓料は、船賃若しくは航空賃の外に別に食費を要する場合又は船賃若しくは航空賃を要しないが食費を要する場合に限り、支給する。

（移転料）
第二十三条　移転料の額は、左の各号に規定する額による。
一　赴任の際扶養親族を移転する場合には、旧在勤地から新在勤地までの路程に応じた別表第一の定額による額
二　赴任の際扶養親族を移転しない場合には、前号に規定する額の二分の一に相当する額
三　赴任の際扶養親族を移転しないが赴任を命ぜられた日の翌日から二年以内に扶養親族を移転する場合には、前号に規定

（内国旅行甲地方の範囲）
第十四条　法別表第一の一備考に規定する「財務省令で定める地域」は、東京都の特別区の存する地域並びに大阪市、名古屋市、横浜市、京都市及び神戸市のうち、一般職の職員の給与に関する法律第十一条の三第二項第一号から第五号までに規定する地域手当の級地（次条において「特定級地」という。）とする。

第十五条　法別表第一の一備考に規定する「財務省令で定めるもの」は、前条に規定する地域以外の地域で、地方自治法（昭和二十二年法律第六十七号）第二百五十二条の十九第一項に規定する指定都市のうち、特定級地とする。

第四十六条関係
第一項
4　赴任に伴う現実の移転の路程が旧在勤地から新在勤地までの路程に満たないときは、その現実の路程に応じた法別表第一の移転料定額による額とする。
第二項
2　沖縄の復帰に伴う特別措置に関する法律（昭和四十六年法律第百二十九号）第二条第二項に規定する本土と同条第一項に規定する沖縄との間の赴任の場合に支

（車賃）

第十九条　車賃の額は、一キロメートルにつき三十七円とする。ただし、公務上の必要又は天災その他やむを得ない事情により定額の車賃で旅行の実費を支弁することができない場合には、実費額による。

2　車賃は、全路程を通算して計算する。ただし、第十二条の規定により区分計算をする場合には、その区分された路程ごとに通算して計算する。

3　前項の規定により通算した路程に一キロメートル未満の端数を生じたときは、これを切り捨てる。

3　前項の規定により通算した路程に一キロメートル未満の端数を生じたときは、これを切り捨てる。

（日当）

第二十条　日当の額は、別表第一の定額による。

2　鉄道百キロメートル未満、水路五十キロメートル未満又は陸路二十五キロメートル未満の旅行の場合における日当の額は、公務上の必要又は天災その他やむを得ない事情に因り宿泊した場合を除く外、前項の規定にかかわらず、同項の定額の二分の一に相当する額による。

3　鉄道、水路又は陸路にわたる旅行については、鉄道四キロメートル、水路二キロメートルをもってそれぞれ陸路一キロメートルをもってそれぞれ陸路一キロメー

ける同様の料金についても同じ扱いとする。

定する運賃及び料金のほか座席指定料金

2　前項第一号又は第二号の規定に該当する
場合において、同一階級の運賃を更に二以
上に区分する船舶による旅行の場合には、
当該各号の運賃は、同一階級内の最上級の
運賃による。

（航空賃）

第十八条　航空賃の額は、現に支払った旅客
運賃による。

第七条関係

　法第十八条に規定する航空賃について
は、当該旅行における公務の内容及び日程
並びに当該旅行に係る旅費総額を勘案し
て、各庁の長が航空機を利用することが最
も経済的な通常の経路及び方法によるもの
と認める場合は支給できることとする。

第十八条関係

　航空賃には、旅客取扱施設利用料（空港
法（昭和三十一年法律第八十号）第十六条
第三項（同法附則第五条第一項及び関西国
際空港及び大阪国際空港の一体的かつ効率
的な設置及び管理に関する法律（平成二十
三年法律第五十四号）第三十二条第二項に
おいて準用する場合を含む。）の規定によ
り空港法に定める指定空港機能施設事業者
等が国土交通大臣に届け出て徴収するも
の）、国内線旅客サービス施設使用料（成田
国際空港株式会社が徴収するもの）及び旅
客施設使用料（中部国際空港株式会社が徴
収するもの）を含むものとする。

　なお、地方公共団体が管理する空港にお

下この条において「運賃」という。）、寝台料金及び特別船室料金並びに座席指定料金による。

一　運賃の等級を三階級に区分する船舶による旅行の場合には、次に規定する運賃

イ　内閣総理大臣等及び指定職の職務にある者については、上級の運賃

ロ　二級以上の職務にある者については、中級の運賃

ハ　一級の職務にある者については、下級の運賃

二　運賃の等級を二階級に区分する船舶による旅行の場合には、次に規定する運賃

イ　内閣総理大臣等及び指定職の職務にある者については、上級の運賃

ロ　十級以下の職務にある者については、下級の運賃

三　運賃の等級を設けない船舶による旅行の場合には、その乗船に要する運賃

四　公務上の必要により別に寝台料金を必要とした場合には、前三号に規定する運賃のほか、現に支払つた寝台料金

五　内閣総理大臣等及び指定職の職務にある者が第三号の規定に該当する船舶で特別船室料金を徴するものを運行する航路による旅行をする場合には、同号に規定する運賃及び前号に規定する寝台料金のほか、特別船室料金

六　座席指定料金を徴する船舶を運行する航路による旅行の場合には、前各号に規定

六条又は海上運送法（昭和二十四年法律第百八十七号）第八条（同法第二十三条の二の規定により準用する場合を含む。）の規定に基づいて、鉄道運送事業者、旅客定期航路事業者及び旅客不定期航路事業者がそれぞれ国土交通大臣の認可又は同大臣への届出により定める運賃又は料金をいう。

7　特別船室料金の額は、特別船室料金を徴する船室で指定席と自由席があるものを運行する航路による旅行をする場合には、指定席に係る特別船室料金とする。

6　法第十七条第一項の座席指定料金には、船室の設備の利用料金は含まないものとする。

（船賃）

第十七条　船賃の額は、次の各号に規定する

旅客運賃（はしけ賃及び桟橋賃を含む。以

4　特別車両料金の額は、次の区分による
ものとする。

イ　法第十六条第二項の規定により急行
料金を支給する区間については、急行
列車に係る特別車両料金

ロ　一の旅行区間に急行列車と普通列車
とが直通して運転する列車を運行する
線路がある場合でその線路を利用する
区間の一部に対して急行料金を支給す
る場合、その線路を利用する当該一部
区間の路程に応じた急行料金を支給する特
別車両料金

ハ　イ及びロを除く区間については、普
通列車に係る特別車両料金

5　法第十六条第一項に規定する座席指定
料金は、一の座席指定券の有効区間ごと
に計算するものとする。

第四十六条関係

第二項

1　内閣総理大臣、国務大臣、内閣官房副
長官、副大臣又は大臣政務官に随行する
秘書官及び警護官については、第十六条
に規定する鉄道賃のうち、特別車両料金
を支給できるものとする。

第十六条及び第十七条関係

1　「鉄道賃」又は「船賃」とは、鉄道事業
法（昭和六十一年法律第九十二号）第十

運賃のほか、急行料金

三　内閣総理大臣等及び指定職の職務にあ
　る者が特別車両料金を徴する客車を運行
　する線路による旅行をする場合には、第
　一号に規定する運賃及び前号に規定する
　急行料金のほか、特別車両料金

四　座席指定料金のほか、特別車両料金
　座席指定料金を徴する客車を運行する
　線路による旅行の場合には、第一号に規
　定する運賃、第二号に規定する急行料金
　及び前号に規定する特別車両料金のほ
　か、座席指定料金

2　前項第二号に規定する急行料金は、次の
　各号の一に該当する場合に限り、支給す
　る。

一　特別急行列車を運行する線路による旅
　行で片道百キロメートル以上のもの

二　普通急行列車を運行する線路による旅
　行で片道五十キロメートル以上のもの

3　第一項第四号に規定する座席指定料金
　は、特別急行列車又は普通急行列車を運行
　する線路による旅行で片道百キロメートル
　以上のものに該当する場合に限り、支給す
　る。

業者がそれぞれ国土交通大臣の認可又は
同大臣への届出により定める運賃又は料
金をいう。

2　「特別車両料金」とは、鉄道事業法第十
六条の規定に基づいて、旅客鉄道株式会
社及び日本貨物鉄道株式会社に関する法
律（昭和六十一年法律第八十八号）第一
条第一項に規定する旅客鉄道株式会社、旅客鉄道
株式会社及び日本貨物鉄道株式会社に関
する法律の一部を改正する法律（平成十
三年法律第六十一号）附則第二条第一項
に規定する新会社及び旅客鉄道株式会社
及び日本貨物鉄道株式会社に関する法律
の一部を改正する法律（平成二十七年法
律第三十六号）附則第二条第一項に規定
する新会社（以下「旅客会社等」とい
う。）が定めた特別車両の料金をいい、旅
客会社等所有の特別車両が旅客会社等以
外の鉄道事業者の線路に運行される
場合に、当該鉄道運送事業者が鉄道事業
法第十六条の規定に基づいて国土交通大
臣への届出により定める当該特別車両の
料金を含むものとする。

3　急行料金は一の急行券の有効区間ごと
に計算するものとする。この場合におい
て、普通急行列車の客車の全席が座席
指定となっている場合には、普通急行料
金と座席指定料金の合計額を急行料金と
して支給するものとする。

第二章　内国旅行の旅費

（鉄道賃）
第十六条　鉄道賃の額は、次の各号に規定する旅客運賃（以下この条において「運賃」という。）、急行料金及び特別車両料金並びに座席指定料金による。
一　その乗車に要する運賃
二　急行料金を徴する列車を運行する線路による旅行の場合には、前号に規定する

とする。

1　職員に当該職員について定められている職務による旅費以下の旅費を支給する場合

2　国家公務員として指定職の職務又はこれに相当する職務以上の職務に在職したことがある者で職員以外の者が国の機関の依頼に応じ、研修・講習等の講師として旅行するときにおいて、当該者に指定職の職務に相当する職務として旅費を支給する場合

3　国際会議に出席する等のため内閣総理大臣等が配偶者を随伴して公務上旅行する必要がある場合において、配偶者に旅費を別表第一内国旅行の旅費の一日当、宿泊料及び食卓料又は別表第二外国旅行の旅費の一日当、宿泊料及び食卓料の表の内閣総理大臣等の項中「その他の者」相当として旅費を支給する場合

第十六条及び第十七条関係
1　「鉄道賃」又は「船賃」とは、鉄道事業法（昭和六十一年法律第九十二号）第十六条又は海上運送法（昭和二十四年法律第百八十七号）第八条（同法第二十三条の二の規定により準用する場合を含む。）の規定に基づいて、鉄道運送事業者及び旅客不定期航路事業者、旅客定期航路事業者及び旅客不定期航路事

第十四条　削除

（証人等の旅費）

第十五条　第三条第四項又は第五項の規定に
より支給する旅費は、他の法律に特別の定
がある場合を除く外、各庁の長が財務大臣
に協議して定める旅費とする。

2　法第十三条第三項に規定する期間は、精
算による過払金の返納の告知の日の翌日か
ら起算して二週間とする。

た日の翌日から起算して二週間とする。

3　法第十三条第四項に規定する給与の種類
は、一般職の職員の給与に関する法律（昭
和二十五年法律第九十五号）に規定する俸
給、俸給の特別調整額、本府省業務調整手
当、初任給調整手当、専門スタッフ職調整
手当、扶養手当、地域手当、広域異動手当、
単身赴任手当、特殊勤務手当、特地勤務手
当（同法第十四条の規定による手当を含
む。）、超過勤務手当、休日給、夜勤手当、
宿日直手当及び管理職員特別勤務手当、又
はこれらに相当する給与とする。

第十五条関係

法第三条第四項の規定により支給する旅
費は、他の法律に特別の定めがある場合を
除く外、旅行の性質、用務の内容及び行政
職俸給表㈠の適用を受ける者との権衡を考
慮して各庁の長が定めるものとする。ただ
し、各庁の長が職務を内閣総理大臣等及び
指定職の職務に相当する職務として旅費を
支給しようとする場合には、財務大臣に協
議して定めるものとする。この場合におい
て、次の各号に規定する基準によるものと
は、財務大臣に協議したものとみなすもの

に、当該過払金を返納させなければならない。

4　支出官等は、その支出し、又は支払った概算払に係る旅費の支給を受けた旅行者が第二項に規定する期間内に旅費の精算をしなかった場合又は前項に規定する期間内に過払金を返納しなかった場合には、当該支出官等がその後においてその者に対し支出し、又は支払う給与又は旅費の額から当該概算払に係る旅費又は当該過払金に相当する金額を差し引かなければならない。

5　第一項の請求書又は資料が電磁的記録で作成されているときは、電磁的方法（電子情報処理組織を使用する方法その他の情報通信の技術を利用する方法であって財務大臣が定めるものをいう。次項において同じ。）をもって提出することができる。

6　前項の規定により請求書又は資料の提出が電磁的方法により行われたときは、支出官等の使用に係る電子計算機に備えられたファイルへの記録がなされた時に当該請求書又は資料を提出したものとみなす。

7　第一項に規定する請求書及び必要な資料の種類、記載事項又は記録事項及び様式、第二項及び第三項に規定する期間並びに第四項に規定する給与の種類その他の必要な事項は、財務省令で定める。

には、別表第二の第五号様式による旅費請求書

五　法第三条第六項に規定する旅費を請求する場合には、別表第二の第六号様式による旅費請求書

六　法第三条第七項に規定する旅費を請求する場合には、別表第二の第七号様式による旅費請求書

七　概算払に係る旅費を精算する場合であって、当該精算額が概算払に係る旅費額と同一である場合には、別表第二の第八号様式による旅費精算請求書

2　前項各号に定める旅費請求書及び旅費精算請求書は、当該請求書に記載すべき事項を記録した電磁的記録（電子的方式、磁気的方式その他の人の知覚によっては認識することができない方式で作られる記録であって、電子計算機による情報処理の用に供されるものをいう。）をもって、当該請求書に代えることができる。

3　法第十三条第一項に規定する旅費請求書に添附すべき資料は、別表第三に掲げる資料とする。

4　法第十三条第五項に規定する電磁的方法は、各庁の長が定める方法とする。

（旅費の請求手続）

第八条　法第十三条第二項に規定する期間は、やむを得ない事情のため旅行命令権者の承認を得た場合を除く外、旅行の完了し

算する必要がある場合には、最初の目的地に到着するまでの分及びそれ以後の分に区分して計算する。

（旅費の請求手続）

第十三条 旅費（概算払に係る旅費を含む。）の支給を受けようとする旅行者及び概算払に係る旅費の支給を受けた旅行者でその精算をしようとするものは、所定の請求書（当該請求書に記載すべき事項を記録した電磁的記録（電子的方式、磁気的方式その他人の知覚によっては認識することができない方式で作られる記録であつて、電子計算機による情報処理の用に供されるものをいう。）を含む。以下この条において同じ。）に必要な資料を添えて、これを当該旅費の支出又は支払をする者（以下「支出官等」という。）に提出しなければならない。

2 この場合において、必要な資料の全部又は一部を提出しなかった者は、その請求に係る旅費額のうちその資料の必要が明らかにされなかつた部分の金額の支給を受けることができない。

3 概算払に係る旅費の支給を受けた旅行者は、当該旅行を完了した後所定の期間内に、当該旅行について前項の規定による旅費の精算をしなければならない。

支出官等は、前項の規定による精算の結果過払金があつた場合には、所定の期間内

（旅費請求書の種類、記載事項及び様式）

第七条 法第十三条第一項に規定する旅費請求書の種類、記載事項又は記録事項及び様式は、左の区分に従い、当該各号に掲げるところによる。

一 第二号から第七号までに掲げる旅費以外の旅費を請求する場合には、別表第二の第一号様式による旅費請求書。但し、法第三条第一項に規定する赴任に係る旅費及び法第二十五条又は第三十八条（法の他の条文においてこれらを準用する場合を含む。）に規定する扶養親族移転料を請求する場合には、別表第二の第二号様式による旅費請求書

二 法第二十六条に規定する日額旅費又は法第二十七条（法第四十二条において準用する場合を含む。）に規定する在勤地内旅行の旅費（移転料を除く。）を請求する場合には、別表第二の第三号様式による旅費請求書

三 法第四十一条に規定する旅行手当を請求する場合には、別表第二の第四号様式による旅費請求書

四 法第三十条に規定する旅費又は法第四十条に規定する死亡手当を請求する場合

4 航空賃は、航空旅客運賃により、路程に応
じ旅客運賃により支給する。

5 車賃について、陸路(鉄道を除く。以下同じ。)
旅行について、路程に応じ一キロメートル
当りの定額又は実費額により支給する。

6 日当は、旅行中の日数に応じ一日当りの
定額により支給する。

7 宿泊料は、旅行中の夜数に応じ一夜当り
の定額により支給する。

8 食卓料は、水路旅行及び航空旅行中の夜
数に応じ一夜当りの定額により支給する。

9 移転料は、赴任に伴う住所又は居所の移
転について、路程等に応じ定額により支給
する。

10 着後手当は、赴任に伴う住所又は居所の
移転について、定額により支給する。

11 扶養親族移転料は、赴任に伴う扶養親族
の移転について、支給する。

12 支度料は、本邦から外国への及び外国相
互間の出張又は赴任について、定額により
支給する。

13 旅行雑費は、外国への出張又は赴任に伴
う雑費について、実費額により支給する。

14 死亡手当は、第三条第二項第五号又は第
七号の規定に該当する場合について、定額
により支給する。

15 内国旅行のうち第二十六条第一項に規定
する旅行については、第一項に規定
する旅費に代え、日額旅費を旅費として支給
する。

16 外国旅行のうち第四十一条第一項に規定

ら起算して滞在日数三十日を超える場合に
はその超える日数について定額の十分の一
に相当する額、滞在日数六十日を超える場
合にはその超える日数について定額の十分
の二に相当する日数をそれぞれの定額から減
じた額による。

2 同一地域に滞在中一時他の地に出張した
日数は、前項の滞在日数から除算する。

第十条 私事のために在勤地又は出張地以外
の地に居住又は滞在する者が、その居住地
又は滞在地から直ちに旅行する場合におい
て、居住地又は滞在地から目的地に至る旅
費額が在勤地又は出張地から目的地に至る
旅費額より多いときは、当該旅行について
は、在勤地又は出張地から目的地に至る旅
費を支給する。

第十一条 一日の旅行において日当又は宿泊
料(扶養親族移転料のうちこれらの旅費に
相当する部分を含む。以下本条において同
じ。)について定額を異にする事由が生じ
た場合には、額の多い方の定額による日当
又は宿泊料を支給する。

第十二条 鉄道旅行、水路旅行、航空旅行又
は陸路旅行中における年度の経過、職務の
級の変更等のため鉄道賃、船賃、航空賃又
は車賃(扶養親族移転料のうちこれらの旅
費に相当する部分を含む。)を区分して計

ら、経済的な通常の経路及
び方法によって旅行した場合の経路及
び方法によって旅行し難い場合
には、その現によった経路及び方法によつ
て計算する。

算する。但し、公務上の必要又は天災その
他やむを得ない事情に因り最も経済的な通
常の経路又は方法によって旅行し難い場合
には、その現によった経路及び方法によつ
て計算する。

（路程の計算）

第五条　内国旅行の旅費の計算上必要な路程
の計算は、左の区分に従い、当該各号に掲
げるものにより行うものとする。

一　鉄道　鉄道事業法（昭和六十一年法律
第九十二号）第十三条に規定する鉄道運
送事業者の調に係る鉄道旅客貨物運賃算
出表に掲げる路程

二　水路　海上保安庁の調に係る距離表に
掲げる路程

三　陸路　地方公共団体の長その他当該路
程の計算について信頼するに足る者によ
り証明された路程

2　前項第一号又は第二号の規定による路程
にかかわらず、前項第三号の規定により
計算することができる。

3　第一項第三号の規定による陸路の路程を
計算する場合には、その証明の基準となる
点で、当該旅行の出発箇所又は目的箇所に
最も近いものを起点とする。

4　陸路と鉄道、水路又は航空とにわたる旅
行について陸路の路程を計算する場合に
は、前項の規定にかかわらず、鉄道駅、波
止場又は飛行場をも起点とすることができ
る。

5　前二項の規定により陸路の路程を計算し

第七条関係　法第十八条に規定する航空賃について
は、当該旅行における公務の内容及び日程
並びに当該旅行に係る旅費総額を勘案し
て、各庁の長が航空機を利用することが最
も経済的な通常の経路及び方法によるもの
と認める場合は支給できることとする。

第八条　旅費計算上の旅行日数は、第三項の
規定に該当する場合を除く外、旅行のため
に現に要した日数による。但し、公務上の
必要又は天災その他やむを得ない事情に因
り要した日数を天災その他やむを得ない外、
鉄道旅行にあって
は四百キロメートル、水路旅行にあって
は二百キロメートル、陸路旅行にあっては五
十キロメートルについて一日の割合をもつ
て通算した日数による。

2　前項但書の規定により通算した日数に一
日未満の端数を生じたときは、これを一日
とする。

3　第三条第二項第一号から第四号まで及び
第六号の規定に該当する場合には、旅費計
算上の旅行日数は、第一項但書及び前項の
規定により計算した日数による。

第九条　旅行者が同一地域（第二条第三項に
規定する地域区分による地域をいう。以下
同じ。）に滞在する場合における日当及び
宿泊料は、その地域に到着した日の翌日か

がたい場合には、同項の規定にかかわら
ず、地方公共団体の長の証明する元標その
他当該陸路の路程の計算について信頼する
に足るものを起点として計算することがで
きる。

6　外国旅行の旅費の計算上必要な路程の計
算は、前五項の規定の趣旨に準じて行うも
のとする。

（旅行命令等に従わない旅行）

第五条　旅行者は、公務上の必要又は天災そ
の他やむを得ない事情に因り旅行命令等
（前条第三項の規定により変更された旅行
命令等を含む。以下本条において同じ。）
に従つて旅行することができない場合に
は、あらかじめ旅行命令権者に旅行命令等
の変更の申請をしなければならない。

2　旅行者は、前項の規定による旅行命令等
の変更の申請をするいとまがない場合に
は、旅行命令等に従わないで旅行した後、
できるだけすみやかに旅行命令権者に旅行
命令等の変更の申請をしなければならな
い。

3　旅行者が、前二項の規定による旅行命令
等の変更の申請をせず、又は申請をしたが
その変更が認められなかつた場合におい
て、旅行命令等に従わないで旅行したとき
は、当該旅行者は、旅行命令等に従つた限
度の旅行に対する旅費のみの支給を受ける
ことができる。

（旅費の種類）

第六条　旅費の種類は、鉄道賃、船賃、航空
賃、車賃、日当、宿泊料、食卓料、移転料、
着後手当、扶養親族移転料、支度料、旅行
雑費及び死亡手当とする。

2　鉄道賃は、鉄道旅行について、路程に応
じ旅客運賃等により支給する。

3　船賃は、水路旅行について、路程に応じ
旅客運賃等により支給する。

（旅行命令等の変更の申請）

第六条　旅行者が、法第五条第一項又は第二
項の規定により旅行命令等の変更を申請す
る場合には、その変更の必要を証明するに
足る資料を提出しなければならない。

き、これを変更することができる。

4　旅行命令権者は、旅行命令等を発し、又はこれを変更するには、旅行命令簿又は旅行依頼簿（以下「旅行命令簿等」という。）に当該旅行に関する事項の記載又は記録をし、これを当該旅行者に提示してしなければならない。ただし、旅行命令簿等に当該旅行に関する事項の記載又は記録をし、これを提示するいとまがない場合には、この限りでない。

5　前項ただし書の規定により旅行命令簿等を提示しなかった場合には、できるだけ速やかに旅行命令簿等に当該旅行に関する事項の記載又は記録をし、これを当該旅行者に提示しなければならない。

6　旅行命令簿等の記載事項又は記録事項、様式その他の必要な事項は、財務省令で定める。

（旅行命令等の通知）

第三条の二　旅行命令権者は、旅行命令等を発し、又は変更した場合には、できるだけすみやかに当該旅行命令簿等を支出官等に提示しなければならない。

（旅行命令簿等の記載事項又は記録事項及び様式）

第四条　法第四条第四項に規定する旅行命令簿等の記載事項又は記録事項及び様式は、別表第一による。

第四項及び第五項

1　旅行命令権者は、旅行命令簿等に記載又は記録することなく旅行命令等を発し又はこれを変更した場合には、原則として、発令の日の翌日までに旅行命令簿等に記載又は記録しなければならないものとする。

2　旅行命令権者は、前号の場合において旅行命令簿等に記載しないうちに、旅行命令等を変更した場合には、その変更した旅行命令等に基いて旅行命令簿等に記載又は記録すれば足り、変更前の旅行命令簿等に記載又は記録した旅行命令等は、旅行命令簿等に記載又は記録しないことができるものとする。

3　旅行命令権者は、旅行命令等を当該旅行者に提示することができない場合には、その通知をもって提示にかえることができるものとする。

4　旅行命令権者は、旅行命令簿等を当該旅行者に提示した後において、旅行命令等を取り消した場合には、旅行命令簿等に記載又は記録した旅行命令等を抹消して、その旨旅行者に通知するものとする。

2　旅行命令権者は、電信、電話、郵便等の通信による連絡手段によつては公務の円滑な遂行を図ることができない場合で、且つ、予算上旅費の支出が可能である場合に限り、旅行命令等を発することができる。

3　旅行命令権者は、既に発した旅行命令等を変更（取消を含む。以下同じ。）する必要があると認める場合で、前項の規定に該当する場合には、自ら又は第五条第一項若しくは第二項の規定による旅行者の申請に基

めに必要があると認めるときは、あらかじめ各庁の長の承認を得て、更にこれを再委任することができる。

3　各庁の長は、前号の承認をするにあたつては、法第四条第二項に規定する旅行命令等を発する要件について適切に判断できる者であることを確認のうえこれを行うものとする。

4　各庁の長又は旅行命令等を発する権限の委任を受けた者は、旅行命令等を発する権限を委任し又は再委任した場合には、その委任を受けた者の官職を、支出負担行為認証官、支出負担行為担当官及び支出官等に通知するものとする。

5　各庁の長又は旅行命令等を発する権限の委任を受けた者は、旅行命令等を発する権限の委任又は再委任を受けた者に事故がある場合には、臨時に他の職員をして、その事務を行わしめることができるものとする。

第二項及び第三項
　旅行命令権者は、旅行命令等を発し又は変更する場合には、旅行が法第七条、第八条その他旅費の計算に関する規定の趣旨に合致して行われるように留意するものとする。

者(その者の扶養親族の旅行について旅費の支給を受けることができる場合には、当該扶養親族を含む。)が、旅行中交通機関の事故又は天災その他財務大臣が定める事情により概算払を受けた旅費額(概算払を受けなかった場合には、概算払を受けることができた旅費額に相当する金額)の全部又は一部を喪失した場合には、その喪失した旅費額の範囲内で財務省令で定める金額を旅費として支給することができる。

(旅行命令等)

第四条 左の各号に掲げる旅行は、当該各号に掲げる区分により、各庁の長又はその委任を受けた者(以下「旅行命令権者」という。)の発する旅行命令又は旅行依頼(以下「旅行命令等」という。)によって行われなければならない。

一 前条第一項の規定に該当する旅行 旅行命令

二 前条第四項の規定に該当する旅行 旅行依頼

る旅費の額は、左の各号に規定する額による。但し、その額は、現に喪失した旅費額をこえることができない。

一 現に所持していた旅費額(輸送機関を利用するための乗車券、乗船券等の切符類で当該旅行について購入したもの(以下「切符類」という。以下本条において同じ。)の全部を喪失した場合には、その喪失した時以後の旅行を完了するため法の規定により支給することができる額

二 現に所持していた旅費額の一部を喪失した場合には、前号に規定する額から喪失を免がれた旅費額(切符類については、購入金額のうち、未使用部分に相当する金額)を差し引いた額

「その他財務大臣が定める事情」とは、宿泊施設の火災その他本人の責めに帰すべきでない理由による事情とする。

第四条関係

第一項

1 各庁の長は、旅行命令等を発する権限を委任する場合には、国家行政組織法(昭和二十三年法律第百二十号)第六条に規定する委員会及び庁、第七条第一項に規定する内部部局、第八条、第八条の二及び第八条の三に規定する機関、第九条に規定する地方支分部局若しくはこれに準ずるものの長のうちから行うものとする。

2 旅行命令等を発する権限の委任を受けた者は、その事務の円滑な実施を図るた

る必要がある場合には、旅費を支給する。

6　第一項、第二項及び前二項の規定により旅費の支給を受けることができる者（その者の扶養親族の旅行について旅費の支給を受けることができる場合には、当該扶養親族を含む。）が、その出発前に次条第三項の規定により旅行命令等を取り消され、又は死亡した場合において、当該旅行のため既に支出した金額があるときは、当該金額のうちその者の損失となつた金額で財務省令で定めるものを旅費として支給することができる。

7　第一項、第二項、第四項及び第五項の規定により旅費の支給を受けることができる

（旅行取消等の場合における旅費）
第二条　法第三条第六項の規定により支給する旅費の額は、法第四十六条第二項の規定に基づき財務大臣に協議して定める旅費の額を支給する場合を除き、左の各号に規定する額による。

一　鉄道賃、船賃、航空賃若しくは車賃として、又はホテル、旅館その他の宿泊施設の利用を予約するため支払つた金額で、所要の払いもどし手続をとつたにもかかわらず、払いもどしを受けることができなかつた額。但し、その額は、その支給を受ける者が、当該旅行について法により支給を受ける者が、当該旅行についての鉄道賃、船賃、航空賃、車賃又は宿泊料の額をそれぞれこえることができない。

二　赴任に伴う住所又は居所の移転のため又は外国への旅行に伴う支度のため支払つた金額で、当該旅行について法により支給を受けることができた移転料又は支度料の額の三分の一に相当する額の範囲内の額。

三　外国への旅行に伴う外貨の買入又はこれに準ずる経費を支弁するため支払つた金額で、当該旅行について法により支給を受けることができた額の範囲内の額。

（旅費喪失の場合における旅費）
第三条　法第三条第七項の規定により支給す

第三条関係

第七項

を支給する。

5　第一項、第二項及び前項の規定に該当する場合を除くほか、他の法律に特別の定めがある場合その他国費を支弁して旅行させ

職俸給表（一）の適用を受ける者との権衡を考慮して各庁の長が定めるものとする。ただし、各庁の長が職務を内閣総理大臣等及び指定職の職務に相当する職務として旅費を支給しようとする場合には、財務大臣に協議して定めるものとする。この場合において、次の各号に規定する基準によるものは、財務大臣に協議したものとみなすものとする。

1　職員に当該職員について定められている職務による旅費以下の旅費を支給する場合

2　国家公務員として指定職の職務又はこれに相当する職務以上の職務に在職したことがある者で職員以外の者が国の機関の依頼に応じ、研修・講習等の講師として旅行するときにおいて、当該者に指定職の職務に相当する職務として旅費を支給する場合

3　国際会議に出席する等のため内閣総理大臣等が配偶者を随伴して公務上旅行する必要がある場合において、配偶者に旅費を別表第一内国旅行の旅費の一日当、宿泊料及び食卓料又は別表第二外国旅行の旅費の一日当、宿泊料及び食卓料の表の内閣総理大臣等の項中「その他の者」相当として旅費を支給する場合

には、当該職員

五　職員が、外国の在勤地において死亡
し、又は出張若しくは赴任のための外国
旅行中に死亡した場合には、当該職員の
遺族

六　外国在勤の職員が死亡した場合におい
て、当該職員の外国にある遺族（配偶者
及び子に限る。）がその死亡の日の翌日
から三月以内にその居住地を出発して帰
住したときは、当該遺族

七　外国在勤の職員の配偶者が、当該職員
の在勤地において死亡し、又は第三十八
条第一項第一号若しくは第二号の規定に
該当する外国旅行中に死亡した場合に
は、当該職員

八　外務公務員法（昭和二十七年法律第四
十一号）の定めるところにより休暇帰国
を許された者が在勤地と本邦との間を旅
行する場合には、当該職員

３　職員が前項第一号又は第四号の規定に該
当する場合において、国家公務員法（昭和
二十二年法律第百二十号）第三十八条各号
若しくは第八十二条第一項各号に掲げる事
由又はこれらに準ずる事由により退職等と
なつたときは、前項の規定にかかわらず、
同項の規定による旅費は、支給しない。

４　職員又は職員以外の者が、国の機関の依
頼又は要求に応じ、公務の遂行を補助する
ため、証人、鑑定人、参考人、通訳等とし
て旅行した場合には、その者に対し、旅費

相当する旅費は、これを支給しないもの
とする。

第十五条関係

　法第三条第四項の規定により支給する旅
費は、他の法律に特別の定めがある場合を
除く外、旅行の性質、用務の内容及び行政

但し、「在勤地」という場合には、在勤官署から八キロメートル以内の地域をいうものとする。

(旅費の支給)

第三条　職員が出張し、又は赴任した場合には、当該職員に対し、旅費を支給する。

2　職員、その配偶者又はその遺族が次の各号のいずれかに該当する場合には、当該各号に掲げる者に対し、旅費を支給する。

一　職員が出張のための内国旅行中に退職、免職(罷免を含む。)、失職又は休職(以下「退職等」という。)となつた場合(当該退職等に伴う旅行を必要としない場合を除く。)には、当該職員

二　職員が出張のための内国旅行中に死亡した場合には、当該職員の遺族

三　職員が死亡した場合において、当該職員の本邦にある遺族がその死亡の日の翌日から三月以内にその居住地を出発して帰住したときは、当該遺族

四　職員が、外国の在勤地において退職等となり、一定の期間内に本邦に帰住し、又は出張若しくは赴任のための外国旅行中に退職等となつた場合(当該退職等に伴う旅行を必要としない場合を除く)

きるものとする。

第三条関係

第一項

職員で他の職務を兼ねる者が、その兼ねる職務によつて旅行した場合には、当該職務相当の旅費を支給するものとする。

2　旅行者が公用の交通機関、宿泊施設、食堂施設等を無料で利用して旅行したため正規の鉄道賃、船賃、航空賃、車賃、宿泊料又は食卓料を支給することが適当でない場合には、正規の鉄道賃、船賃、航空賃、車賃、宿泊料又は食卓料の全額を支給しないものとする。

3　旅行者が旅行中の公務傷病等により旅行先の医療施設等を利用して療養したため、正規の日当及び宿泊料を支給することが適当でない場合には、当該医療中の日当及び宿泊料の二分の一に相当する額は、これを支給しないものとする。

第四十六条関係

第一項

6　国の経費以外の経費から旅費が支給されるため、正規の旅費を支給することが適当でない場合には、当該旅費のうち国の経費以外の経費から支給される旅費に

3　この法律において「何々地」という場合には、本邦にあつては市町村の存する地域（都の特別区の存する地域にあつては、特別区の存する全地域）をいい、外国にあつてはこれに準ずる地域をいうものとする。

の職務に相当する職務の級
ホ　一号俸の俸給月額を受ける秘書官の職務の級　行政職俸給表㈠による三級の職務に相当する職務の級
　前号の規定にかかわらず、特別職給与法附則第三項の規定による俸給月額を受ける内閣総理大臣秘書官の職務の級については、内閣総理大臣が財務大臣に協議して指定職の職務に相当する職務の級として定めることができる。

5　一般職給与法第二十二条の規定による非常勤職員及び特別職給与法第一条第四十五号から第七十二号までに掲げる者の職務又は職務の級は、用務の内容及び行政職俸給表㈠の適用を受ける者との権衡を考慮して各庁の長が定めるものとする。ただし、内閣総理大臣等及び指定職の職務に相当する職務として定める場合には、各庁の長が財務大臣に協議して定めるものとする。

6　一般職の職員以外の職員であつても、その者の受ける俸給が一般職給与法を準用して定められている場合の職務の級は、現にその者について定められている職務の級とする。

7　（略）

第三項
「在勤地」の地域は、各庁の長又はその委任を受けた者が定めるものとし、その境界には大字又は字若しくはこれらに準ずるものの境界をもつてあてることができ

期を定めて採用された職員の職務の級
は、当該職員に適用される一般職給与法
第六条の規定による俸給表ごとに第一号
の規定により行政職俸給表(一)に相当する
職務の級とされるものとし、同条第一項
の規定により任期を定めて採用された職
員の職務の級は、用務の内容及び行政職
俸給表(一)の適用を受ける者との権衡を考
慮して各庁の長が定めるものとする。た
だし、指定職の職務に相当する職務とし
て定める場合には、各庁の長が財務大臣
に協議するものとする。

特別職の職員の給与に関する法律（昭
和二十四年法律第二百五十二号。以下
「特別職給与法」という。）第一条第四十
四号に掲げる秘書官の職務の級は、次に
よるものとする。

4

イ　九号俸から十二号俸までの俸給月額
を受ける秘書官の職務の級　行政職俸
給表(一)による九級の職務に相当する職
務の級

ロ　五号俸から八号俸までの俸給月額を
受ける秘書官の職務の級　行政職俸給
表(一)による七級の職務に相当する職務
の級

ハ　三号俸及び四号俸の俸給月額を受け
る秘書官の職務の級　行政職俸給表(一)
による六級の職務に相当する職務の級

ニ　二号俸の俸給月額を受ける秘書官の
職務の級　行政職俸給表(一)による四級

び勤務時間の特例に関する法律（平成九
年法律第六十五号）第三条第一項第二号
の規定により任期を定めて採用された職
員の職務の級は、行政職俸給表㈠による
三級の職務に相当する職務の級とし、同
項第一号の規定により任期を定めて採用
された職員の職務の級は、次によるもの
とする。

イ　六号俸の俸給月額を受ける職員（六
号俸を超える俸給月額を受ける職員を
含む。）の職務の級　行政職俸給表㈠
による九級の職務に相当する職務の級

ロ　五号俸の俸給月額に相当する職務の
級　行政職俸給表㈠による職員の職
務に相当する職務の級

ハ　四号俸の俸給月額を受ける職員の職
務の級　行政職俸給表㈠による八級の
職務に相当する職務の級

ニ　三号俸の俸給月額を受ける職員の職
務の級　行政職俸給表㈠による七級の
職務に相当する職務の級

ホ　二号俸の俸給月額を受ける職員の職
務の級　行政職俸給表㈠による六級の
職務に相当する職務の級

ヘ　一号俸の俸給月額を受ける職員の職
務の級　行政職俸給表㈠による五級の
職務に相当する職務の級

3　一般職の任期付職員の採用及び給与の
特例に関する法律（平成十二年法律第百
二十五号）第三条第二項の規定により任

をいう。

八　帰住　職員が退職し、又は死亡した場合において、その職員若しくはその扶養親族又はその遺族が生活の根拠地となる地に旅行することをいう。

九　扶養親族　内国旅行にあつては職員の配偶者（届出をしないが事実上婚姻関係と同様の事情にある者を含む。以下同じ。）、子、父母、孫、祖父母及び兄弟姉妹で主として職員の収入によつて生計を維持しているものをいい、外国旅行にあつては職員の配偶者及び子で主として職員の収入によつて生計を維持しているものをいう。

十　遺族　職員の配偶者、子、父母、孫、祖父母及び兄弟姉妹並びに職員の死亡当時職員と生計を一にしていた他の親族をいう。

2　この法律において「何級の職務」という場合には、一般職の職員の給与に関する法律第六条第一項第一号に規定する行政職俸給表（一）による当該級の職務及び行政職俸給表（一）の適用を受けない者について各庁の長が財務大臣に協議して定めるこれに相当する職務をいうものとする。

第二条関係

第二項

1　一般職の職員の給与に関する法律（昭和二十五年法律第九十五号。以下「一般職給与法」という。）第六条第一項第一号ロ及び第二号から第十号までに規定する俸給表の適用を受ける者の行政職俸給表（一）に相当する職務の級は、別表第一及び別表第二の通りとする。

2　一般職の任期付研究員の採用、給与及

でに掲げる職員並びに各庁の長が財務大臣に協議して定めるこれらに相当する職務にある者をいう。

三　指定職の職務　一般職の職員の給与に関する法律（昭和二十五年法律第九十五号）第六条第一項第十一号に規定する指定職俸給表の適用を受ける職員の職務及び各庁の長が財務大臣に協議して定めるこれに相当する職務をいう。

四　内国旅行　本邦（本州、北海道、四国、九州及び財務省令で定めるその附属の島の存する領域をいう。以下同じ。）における旅行をいう。

五　外国旅行　本邦と外国（本邦以外の領域（公海を含む。）をいう。以下同じ。）との間における旅行及び外国における旅行をいう。

六　出張　職員が公務のため一時その在勤官署（常時勤務する在勤官署のない職員については、その住所又は居所）を離れて旅行し、又は職員以外の者が公務のため一時その住所又は居所を離れて旅行することをいう。

七　赴任　新たに採用された職員がその採用に伴う移転のため住所若しくは居所から在勤官署に旅行し、又は転任を命ぜられた職員がその転任に伴う移転のため旧在勤官署から新在勤官署に旅行すること

（附属の島）
第一条　国家公務員等の旅費に関する法律（昭和二十五年法律第百十四号。以下「法」という。）第二条第一項第四号に規定する「附属の島」とは、本州、北海道、四国及び九州に附属する島をいう。

第一章　総則

（目的）

第一条　この法律は、公務のため旅行する国家公務員等に対し支給する旅費に関し諸般の基準を定め、公務の円滑な運営に資するとともに国費の適正な支出を図ることを目的とする。

2　国が国家公務員（以下「職員」という。）及び職員以外の者に対し支給する旅費に関しては、他の法律に特別の定がある場合を除く外、この法律の定めるところによる。

（用語の意義）

第二条　この法律において、次の各号に掲げる用語の意義は、当該各号に定めるところによる。

一　各庁の長　衆議院議長、参議院議長、内閣総理大臣、各省大臣、最高裁判所長官、会計検査院長及び人事院総裁をいう。

二　内閣総理大臣等　内閣総理大臣、最高裁判所長官、その任免につき天皇の認証を要する職員及び特別職の職員の給与に関する法律（昭和二十四年法律第二百五十二号）第一条第五号から第四十一号ま

られたい。

（別紙）
国家公務員等の旅費に関する法律の運用方針

○国家公務員等の旅費に関する法令の3段対照表

（法　律）	（省　令）	（運用方針）
○国家公務員等の旅費に関する法律	○国家公務員等の旅費支給規程	○国家公務員等の旅費に関する法律の運用方針について
昭二五・四・三〇 法　一　一　四	昭二五・五・一 大蔵令四五	昭二七・四・一五 蔵　計　九　二　二 大蔵省主計局長通牒
最終改正　令元・六・一四法三七	最終改正　令二・六・一五財務令四九	最終改正　平二九・二・二三財計五七一
目次〔略〕	国家公務員等の旅費に関する法律の規定に基き、国家公務員等の旅費支給規程を次のように定める。	国家公務員等の旅費に関する法律の一部を改正する法律（昭和二十七年法律第七十八号）の施行に伴い、国家公務員等の旅費に関する法律の運用について（昭和二十五年五月一日計発第二百七十号）は本年三月三十一日限り、これを廃止し、新たに別紙のように運用方針を定め、本年四月一日以後の旅行から適用することとしたから、これによって取扱われたい。 追って、国家公務員等の旅費に関する法律（昭和二十五年法律第百十四号。以下「法」という。）の規定により各庁の長が財務大臣に協議して定めることを必要とされる事項については、本運用方針によって処理される場合には、所定の協議を経たものとして取扱うこととし、また、従前の運用方針に基いて決定された基準についても本運用方針の趣旨に反しない限り、なお、従前の例によって取扱つて差支えないこととするから、併せて承知せ

附

録

旅費法令研究会（執筆者）

斎須　朋之

横矢　寿彦

二宮　悦郎

桂沢　泰弘

星野　大輝

石岡　将輝

増田　匠

渡邊　洋祐

公務員の移転料の実務

令和 2 年 9 月 28 日　初版発行

編　者　旅費法令研究会

発行者　佐 久 間 重 嘉

学 陽 書 房

〒102-0072　東京都千代田区飯田橋 1 - 9 - 3
（営業）☎03（3261）1111
振替口座　00170-4-84240
（編集）☎03（3261）1112
http://www.gakuyo.co.jp/

©2020 Printed in Japan　　　精文堂印刷／東京美術紙工
ISBN 978-4-313-13401-0　C 2032
乱丁・落丁本は、送料小社負担にてお取り替えいたします。

JCOPY 〈（社）出版者著作権管理機構 委託出版物〉
本書の無断複製は著作権法上での例外を除き禁じられています。
複製される場合は、そのつど事前に、（社）出版者著作権管理機構
（電話 03-5244-5088、FAX 03-5244-5089、e-mail: info@jcopy.or.jp）
の許諾を得てください。また、本書を代行業者等の第三者に依頼
してスキャニング等の行為によりデジタル化することは、個人の
家庭内の利用であっても、一切認められておりません。

〈第8次改訂版〉
旅　費　法　詳　解

旅費法令研究会　編

A5判　並製　304頁
定価＝本体3300円＋税

多様な取り扱いを要する公務員の旅費について、国家公務員等の旅費に関する法律を運用方針などを取り入れ逐条解説した実務担当者必携の書。

〈第6次改訂版〉
公務員の
旅費法質疑応答集

旅費法令研究会　編

A5判　並製　292頁
定価＝本体3200円＋税

現行旅費制度の複雑な旅費計算について、運用の中で実際に起こった具体的な事例を種類別、事項別に分類、それぞれに参照条文・参照事項を摘記し、一問一答形式で解説。新しい質疑を追加した最新版。